Book 2

Actividades en español
Spanish Vocabulary Activities

Lori Langer de Ramírez, Ed. D.
Herricks Middle School
Herricks, NY

AMSCO

Amsco School Publications, Inc.
315 Hudson Street / New York, NY 10013

Text Design by A Good Thing, Inc.
Cover Design by Meghan Shupe
Illustrations by Lori Langer de Ramírez
Cover Illustration by Jupiterimages

Please visit our Web site at:
www.amscopub.com

When ordering this book, please specify either **R 031 W**
Actividades en español (Spanish Vocabulary Activities) Book 2

ISBN 978-1-56765-813-2

NYC Item 56765-813-1

Contents

Spanish teachers are always looking for fun and fruitful activities for intermediate-level students. Puzzles and other word games are motivational for students and can help develop vocabulary and decoding skills in the intermediate learner. More often than not, puzzles developed for native speakers of the language are too difficult for intermediate-level students. **Actividades en español**: *Spanish Vocabulary Activities, Book 2* was designed to meet the need for games and puzzles geared specifically for this group of Spanish language learners.

Book 2 contains activities and a variety of puzzles—acrostic, crossword, and logic—of intermediate difficulty. Topics are thematic and follow the typical intermediate level themes, such as:

- **the natural world**
- **at the beach**
- **in the jewelry store**
- **the weekend**
- **letters to the newspaper**
- **morning and evening routines**
- **a detective story**
- **on vacation**
- **sports**
- **in the clothing store**

- **life in the city**
- **at the pharmacy**
- **at the furniture store**
- **superstitions**
- **the animal kingdom**
- **professions and jobs**
- **exploring outer space**
- **our personalities**
- **let's take a trip**
- **ecology and the environment**

Actividades en español: *Spanish Vocabulary Activities, Book 2* will get your students excited about learning Spanish and help them feel successful in their studies.

Have fun!

Chapter 1

La naturaleza

Puzzle 1 Letras revueltas

Use the picture clues to help you unscramble these words.

1. RLFO	2. ANLPAT	3. SMONTESALTA
4. OLS	5. OSMAC	6. OHARIMG
7. BEARUCL	8. GNUOAS	9. RAASOPIM

Write the words in Spanish. Then use the shaded letters to find the title of this puzzle.

1. sky ___ ___ ▢ ___ ___
         1

2. sun ___ ___ ▢
              2

3. fly ▢ ___ ___ ___ ___
       3

4. snake ___ ___ ___ ▢ ___ ___ ___
                     4

5. stone ___ ___ ___ ▢ ___ ___
                     5

6. river ___ ▢ ___
            6

7. lake ___ ___ ___ ▢
                   7

8. frog ___ ▢ ___ ___
           8

9. butterfly ▢ ___ ___ ___ ___ ___ ___ ___
             9

10. bee ___ ▢ ___ ___ ___
           10

11. land ___ ▢ ___ ___ ___ ___
            11

12. grass ___ ___ ▢ ___ ___ ___
                 12

13. grasshopper ___ ___ ___ ___ ___ ___ ___ ▢ ___ ___ ___
                                           13

14. plant ___ ___ ___ ___ ▢ ___
                         14

15. cloud ___ ___ ___ ▢
                     15

Puzzle Title

___ ___   ___ ___ ___ ___ ___
 1   2   3   4   5   6   7

___ ___ ___ ___ ___ ___ ___ ___
 8   9 10 11 12 13 14 15

Find and circle or highlight these words in the puzzle below.

HIERBA	FLOR	SABER	MOSCA
SALTAMONTES	QUÉ	PIEDRA	CUÁNTO
GUSANO	ROCA	QUIÉN	HORMIGA
CUÁL	CAMPO	ABEJA	CONOCER
PÁJARO	SOL	MARIPOSA	HOJA
RANA	DÓNDE	CIELO	PLANTA
NUBE	LAGO	ADÓNDE	CULEBRA
TIERRA	RÍO	ARAÑA	

```
E N U B E U D L A O Ó R F C S A P C É A L
E A E L C B A L M O O Q É U C R O O R N I
I S T S J A N A Q S E U D Ó N D E N O A É
A A S S A C T G U C É É L L D O P O O S O
L L O A L E B O I A U N A M O L L C N B E
O T A J P E O U É H O R M I G A H E A T I
H A R A Ó O É S N T S Á Á E T I E R R A I
C M C D P O H I E R B A H S C U Á L A T N
A O I Ó Á H M A A O R R O A P D S O L C M
S N T N J O A A H C R A J B L É P O L L R
O T R D A G R E N A O Ñ A E E B O C P C A
I E R E R U I N E O L A C R A M R Ó I O C
A S A A O S P U B M Á O R O J C E O P R N
R E E E É A O R A C U L E B R A Q R I A O
A A A L M N S U U O N E M A M U Í E E E
N A A L R O A A B Á G O S O Ó P É O D O M
A P A P L A N T A N C A A S A O A S R A L
A B E J A T C D L T A M I C J O A A A P P
B J C I E L O E H O J É O A L Ó S N R L O
E U J A F L O R M A R A F L A O R A L N U
```

The vocabulary words are all mixed up! Use the word halves in the box below to piece the words back together again. Use each half only once.

ro	é	mar	na	rba	qui
én	ra	la	ara	be	tie
hie	con	ocer	anta	ca	ol
hor	iposa	ci	adó	rra	bra
pl	ro	edra	elo	pája	pi
go	cule	qu	nde	s	miga
ña	por q	ntes	ué	saltamo	nu

1. _____

2. _____

3. _____

4. _____

5. _____

6. _____

7. _____

8. _____

9. _____

10. _____

11. _____

12. _____

13. _____

14. _____

15. _____

16. _____

17. _____

18. _____

19. _____

20. _____

21. _____

Each of the following animals is in a different area of the garden. Read the clues below to determine where each one can be found. Fill in the chart using "S" for sí and "N" for no.

Claves:

1. La culebra no está en una planta.
2. La rana está en el agua.
3. La abeja está cerca de una planta.
4. La culebra está en una piedra.

Puzzle 6 Crucigrama

Complete the crossword puzzle using the Spanish word for each clue.

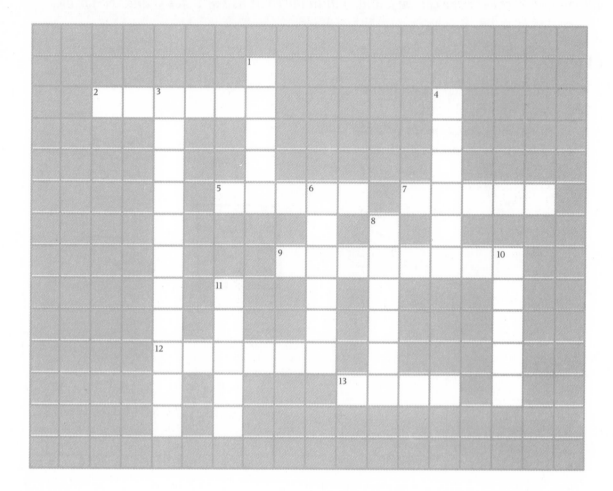

Down

1. fly
3. grasshopper
4. bird
6. plant
8. stone
10. spider
11. bee

Across

2. worm
5. country
7. to know
9. butterfly
12. land
13. frog

Can you read this email from your key pal Ana? Much of it is in picture form. When you come to a picture, read it as if it were a Spanish word.

¿Sabes por qué es tan importante cuidar la ? Pues, la

nos da todo lo que necesitamos para poder vivir. Las de las

y los producen oxígeno que nos ayuda a respirar. Los animales producen

comida que nosotros comemos. Por ejemplo, la usa las para

hacer miel. Comemos peces que sacamos de los y de los .

El nos da calor y las en el nos dan lluvia

para nuestros sembradíos. Hay que proteger el medio ambiente. ¡Nos da vida!

Chapter 2

En la playa

Puzzle 1 El código secreto

Help break this code. Using the key below, replace the code with the correct letters. For example, when you see the letter H, replace it with a D. When you see the letter R, replace it with an L. Do this for all the letters until you reveal each word. Good luck!

Code	A	B	C	D	F	H	K	L	M	N	O	P	Q	R	S	U	V	W	Y	Z
Letter			**M**		**E**	**D**							**A**	**L**						**N**

1. AVFKFK _____

2. CQZYQ _____

3. WUZWOQB _____

4. NQKWU HF LFRQ _____

5. HUKCMK _____

6. PUHFK _____

7. RUWMUZ NKUZWFQHUKQ _____

8. CFZYMK _____

9. BFDVMK _____

10. BUCNKMRRQ HF PRQSQ _____

Acróstico

Write the words in Spanish. Then use the shaded letters to answer the question.

1. sailboat ___ ___ ___ ▢ ___   ___ ___   ___ ___ ___ ___
    <small>1</small>

2. to play ___ ▢ ___ ___ ___
    <small>2</small>

3. frisbee ___ ___ ___ ___ ▢ ___ ___
    <small>3</small>

4. waves ▢ ___ ___ ___
    <small>4</small>

5. beach towel ___ ___ ___ ___ ___ ___   ___ ___
    ___ ___ ___ ▢ ___
    <small>5</small>

6. to think, to plan ▢ ___ ___ ___ ___ ___
    <small>6</small>

7. blanket ___ ___ ___ ___ ▢
    <small>7</small>

8. to return ___ ___ ▢ ___ ___ ___
    <small>8</small>

9. shells ___ ___ ___ ___ ___ ▢ ___
    <small>9</small>

Question

¿Qué necesitan los niños para construir un castillo de arena?

Answer

___ ___ ___ ___   ___   ___ ___ ___ ___
<small>1   2   3   4   5   6   7   8   9</small>

Find and circle or highlight these words in the puzzle below.

OLAS	CASTILLO	PALA	QUERER
CUBO	SOMBRILLA	SILLA	SEGUIR
CONCHAS	MANTA	TOALLA	GAVIOTA
JUGAR	LOCIÓN	SALVAVIDAS	ALMORZAR
FARO	BARCO	REÍR	PENSAR
PODER	SONREÍR	GAFAS	VOLVER
MENTIR	ESQUÍ	PERDER	DORMIR
SERVIR	ARENA	PALMERA	FRISBEE

```
C M E A C O N C H A S A R L T V T U L N R E Í  R Z D Í  R G Y A
A I G D U L D Q A R A R E O C P S D O R M I  R H O J  N E L A P
S B A U S O A U R P E G S C Q S R T O D R E G U M S P R P E E
T A F S O A O E L A Y S Q I  V R L O E Q C P C P N E M A E M E
I  R A O M S Z R I  L I  O U Ó J  S D E E S A E B C D G F Ó E O Ó
L C S N B S A E Q M L B Í  N E E M B S S I  R O A O U A O E E N
L O R R U L R C E L O K J  H A A E C P H D C C R I  R Q P J  D
O G D E I  E M O N R F A A B O F A R A P S E R V I  R O R T U A
H D E Í  L C O L E A R T C R A R A P A L A R C Y T A A R R G E
D E M R L S R R C D I  L U O S I  L L A S D E R P L A Y A A A O
E F S Ó A R Z S Á T S E Á N A O D P A O D D I  L R D B D J  R R
T V O N G P A A P I  B E T C Á C N E R T G A V I  O T A R E E B
A E L E D E R L A O E V I  E F X Í  E V C I  S G O A D L S F A C
R L E A E N A V S A E O C A R A M E A Á O O A B E C N D D A R
E A L R Z S C A E R D L O D O C A A L L V G E V R U A A E J  T
N A E U P A C V N E L V L O X A N C I  O F E O P D B C L F S E
A R C D L R C I  P O D E R R Í  C T O Y E R R A I  U O A A B C G
A P M Y A E M D S Q Y R I  A T O A L L A S D E F P L A Y A A R
O O H E Y V D A Q M L N T C O A E A P D M E N T I  R O R Ñ L B
U A D Á A S A S Í  R H N I  I  E E A S A L C B A A N C O D O R M
S E Á O C R P O J  F O E D R O O N L T U S O D S L A A N N I  O
```

The vocabulary words are all mixed up! Use the word halves in the box below to piece the words back together again. Use each half only once.

nsar	perd	vidas	la	arena	pal
er	guir	cuático	que	castillo de	as
se	almorz	rvir	mera	sol	ro
er	playa	der	esquí a	ar	toalla de
po	ju	de vela	playa	ment	rer
salva	ír	barco	volv	pa	silla de
ma	fa	nta	loción	gafas de	ir
ol	sonre	playa	pe	colchón	de baño
gar	traje	sombrilla de	se	bronceadora	flotante de aire

1. _____

2. _____

3. _____

4. _____

5. _____

6. _____

7. _____

8. _____

9. _____

10. _____

11. _____

12. _____

13. _____

14. _____

15. _____

16. _____

17. _____

18. _____

19. _____

20. _____

21. _____

22. _____

23. _____

24. _____

25. _____

26. _____

27. _____

Catarina, Leonardo, and Jaime each take a different object to the beach. Read the clues below to determine who brings what. Fill in the chart using "S" for sí and "N" for no.

Claves:

1. Catarina no trae nada para meter en las olas.
2. Leonardo trae algo para sentarse en la arena.
3. Catarina trae algo para protegerse del sol.
4. Jaime trae algo para jugar en el agua.

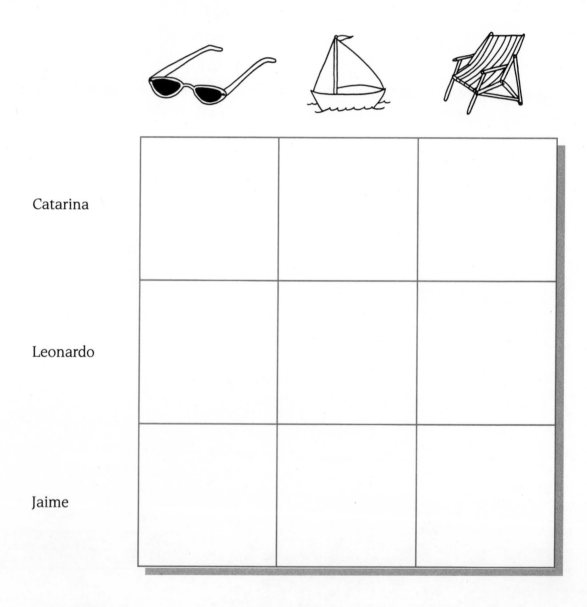

Catarina

Leonardo

Jaime

Puzzle 6 Crucigrama

Complete the crossword puzzle using the Spanish word for each clue.

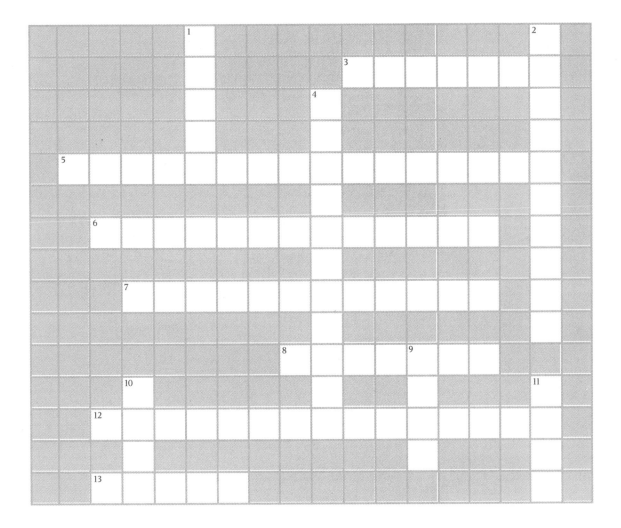

Down

1. to play
2. lifeguard
4. bathing suit (3 words)
9. waves
10. shovel
11. lighthouse

Across

3. palm tree
5. beach umbrella (3 words)
6. beach towel (3 words)
7. beach chair (3 words)
8. seagull
12. sand castle (3 words)
13. blanket

Ana has sent you another email. She wants to tell you all about her recent trip to the beach. Can you read this email? Much of it is in picture form. When you come to a picture, read it as if it were a Spanish word.

Estas vacaciones de verano fui con mi familia a la playa. Saqué muchas fotos

– especialmente de las y las . Mis primos y yo jugamos

mucho y construimos  con un y una

 . Siempre vamos muy preparados a la playa. Llevamos  para

protegernos los ojos y para protegernos la piel. Por la mañana jugamos

mucho en las y por la tarde descansamos debajo de una

sobre . También descansamos en el agua sobre una . ¡Qué

vacaciones tan relajantes!

Chapter 3

En la joyería

Puzzle 1 | Letras revueltas

Use the picture clues to help you unscramble these words.

1. NAOILL	2. LOEJR ED APEUSLR	3. RAOCLL
4. ASREPL	5. DERNPRODE	6. IADENMAT
7. AEACND	8. SRUEAPL	9. TEEASR

Acróstico

Write the words in Spanish. Then use the shaded letters to answer the question.

1. brooch ___ ___ ___ ___ ___ ▢
   ₁

2. chain ___ ___ ___ ___ ▢ ___
   ₂

3. emerald ___ ___ ___ ___ ___ ___ ▢ ___ ___
   ₃

4. earrings ▢ ___ ___ ___ ___ ___
   ₄

5. wrist watch ___ ___ ___ ___ ▢ ___ ___
   ₅
   ___ ___ ___ ___ ___ ___ ___

6. necklace ___ ▢ ___ ___ ___ ___
   ₆

7. and ▢
   ₇

8. pin ___ ___ ▢ ___ ___ ___ ___ ___
   ₈

9. ruby ▢ ___ ___ ___
   ₉

10. diamond ___ ▢ ___ ___ ___ ___ ___ ___
    ₁₀

11. pearls ___ ___ ___ ___ ▢ ___
    ₁₁

Question

¿Dónde se compran las joyas?

Answer

___ ___ ___ ___ ___ ___ ___ ___ ___ ___ ___
1   2   3   4   5   6   7   8   9   10 11

Find and circle or highlight these words in the puzzle below.

PRENDEDOR	NADIE	NINGUNO	BRAZALETE
ESMERALDA	BROCHE	ALGUNO	NUNCA
RELOJ	JAMÁS	COLLAR	TAMPOCO
ARETES	PULSERA	DIAMANTE	ANILLO

```
T A M P O C A A R E T E S I P R E N D E D E R B E O
A S E L G O N E A B R R U L L O K E N T S T A N H G
R D D A M P W L U R S E A A P A A R M A O R A R C A
I I S E E T E L A Z E R B N E R N D O E S O G L A B
S E I E Á L A A A U C S R D D O L L Á D O S U R T
L A P U L S E R A U N S L A I A R E A A P A L A B S
U O E P I A J A M Á S C I U A A N J A P R D P D O L
P L M N L M C U W L P M R D P O M U T D L E D T R L
W L N T A M P O C O A B O N R W E A S N A S M U Z S
E I L C R E R I T N R J N A A A E I N S U L L S L E
D N O L C T E E T R C B U D A N N D D T A E A L E L
Ñ N T M Ñ E N I O A M S G E E U U B W E E L E P M R
J A A T I L D C D B A Z N I S S A G A J G O E G R B
O S W A A A E U A G A P I L S S A L N U O Z A A G T
L R A A O Z D I R R E A N O S N A A N I M L N E L E
E W P R O A O A E L H N A A I M U O J R N U E R E S
R Z A E A R R B A E C L U L C L E U L A I L U R S E
B U U T O B K I L E O R L N H N A O R A L L O C N O
E A T S E I D A N T R O B I C C U U A W E I A S E N
I A D L E R E M S E B E C O S E M N A R I S L U P N
N E M S M N A P B T P G A N N A E G R R A L U C N E
```

Puzzle 4 Palabras mezcladas

The vocabulary words are all mixed up! Use the word halves in the box below to piece the words back together again. Use each half only once.

pul	da	alg	ar	dedor	nad
br	sera	bí	ru	lete	ante
sorti	ja	co	las	na	esmera
ca	ning	reloj	ie	lo	más
uno	tampo	lda	coll	nu	nca
ar	pren	etes	de pulsera	oche	anil
per	ja	uno	dena	braza	diam

1. _____
2. _____
3. _____
4. _____
5. _____
6. _____
7. _____
8. _____
9. _____
10. _____
11. _____
12. _____
13. _____
14. _____
15. _____
16. _____
17. _____
18. _____
19. _____
20. _____
21. _____

Cuadro de lógica

Manuela, Raúl, and Federica each wear a different piece of jewelry. Read the clues below to determine who is wearing what. Fill in the chart using "S" for sí and "N" for no.

Claves:

1. Manuela no lleva nada en el dedo.
2. Raúl lleva algo que dice la hora.
3. Federica lleva un anillo.
4. Manuela lleva algo en las orejas.

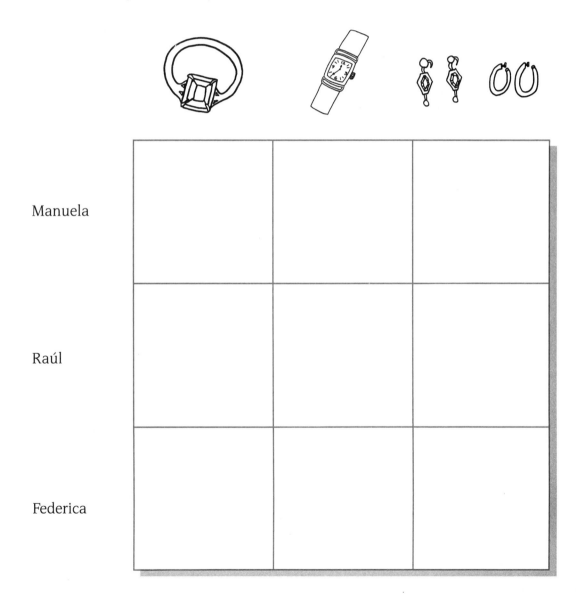

Complete the crossword puzzle using the Spanish word for each clue.

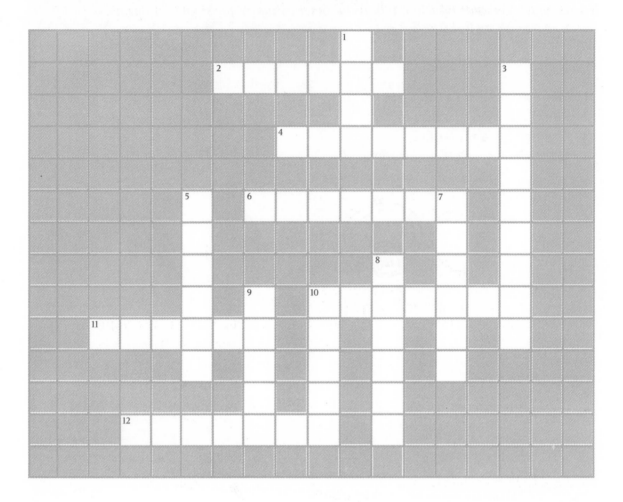

Down

1. nothing
3. pin
5. earrings
7. some
8. ring
9. no one
10. never

Across

2. necklace
4. diamond
6. ring
10. not any
11. chain
12. bracelet

Ana has sent you another email. She wants to ask your opinion about a birthday gift for her mom. Can you read this email? Much of it is in picture form. When you come to a picture, read it as if it were a Spanish word.

Esta tarde voy a la joyería a comprarle un regalo de cumpleaños a mi madre. A ella no le

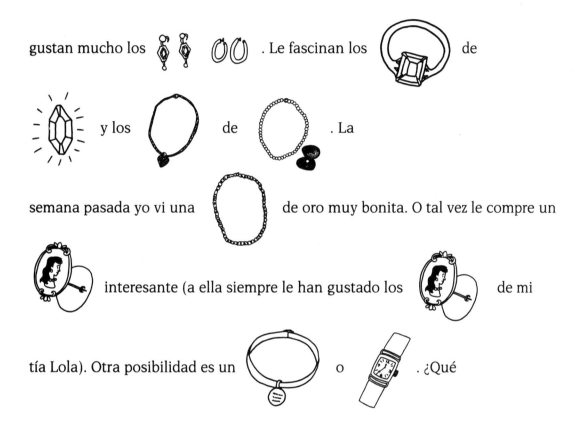

gustan mucho los ·   . Le fascinan los   de

                  y los   de   . La

semana pasada yo vi una   de oro muy bonita. O tal vez le compre un

              interesante (a ella siempre le han gustado los   de mi

tía Lola). Otra posibilidad es un   o   . ¿Qué

piensas? ¿Tienes alguna sugerencia?

Chapter 4

El fin de semana

Puzzle 1 Letras revueltas

Use the picture clues to help you unscramble these words.

1. AMONTR A LLACOBA	2. ANAPTRI	3. TOERTA
_____	_____	_____
4. CTIONCREO DE KCOR	5. CNIPISA	6. APELLÍCU
_____	_____	_____
7. SCOPMRA	8. SBOOL	9. ROJEECICI
_____	_____	_____

Puzzle 2 — Acróstico

Write the formal commands in Spanish. Then use the shaded letters to answer the question.

1. Go up the stairs. ___ ___ ___ ___ las escaleras.
   ₁

2. Put the book on the table. ___ ___ ___ ___ ___ el libro en la mesa.
   ₂

3. Open the door. ___ ___ ___ ___ la puerta.
   ₃

4. Do your homework. ___ ___ ___ ___ la tarea.
   ₄

5. Say something. ___ ___ ___ ___ algo.
   ₅

6. Listen to that sound. ___ ___ ___ ___ ese ruido.
   ₆

7. Go home. ___ ___ ___ ___ a casa.
   ₇

8. Swim in the pool. ___ ___ ___ ___ en la piscina.
   ₈

9. Run in the park. ___ ___ ___ ___ ___ en el parque.
   ₉

10. Look at your friend. ___ ___ ___ ___ a su amigo.
    ₁₀

11. Repeat the word. ___ ___ ___ ___ ___ ___ la palabra.
    ₁₁

12. Come to my house. ___ ___ ___ ___ ___ a mi casa.
    ₁₂

13. Bring a gift. ___ ___ ___ ___ ___ ___ un regalo.
    ₁₃

14. Take the train. ___ ___ ___ ___ el tren.
    ₁₄

Question

¿Qué días son fin de semana?

Answer

__ __ __ __ __ __   __
1   2   3   4   5   6   7

__ __ __ __ __ __ __
8   9 10 11 12 13 14

Find and circle or highlight these words in the puzzle below.

MIRE	MUSEO	OIGA	SALGA
MONTAR	REPITA	EXHIBICIÓN	TRAIGA
TEATRO	TENGA	SUBA	HAGA
CORRA	PONGA	PELÍCULA	COMPRAS
NADAR	VAMOS	BOLOS	TOME
ABRA	CONCIERTO	VENGA	EJERCICIO
PATINAR	DIGA	CIERRE	PISCINA

```
R A B L A I I H A L E C O O I T R E I B E L S T D E E R S S G T M G T O
O O A U T I G A B C L I C A M K A M I T R E A E P G E G M L S A H E E L
R N O R G C G O P E L A P I A A U O I O I J E A T F R K B U P D S A N H
C A S D A R A R A O O O O C A A A N L M S E O T G B G R S J C D E G G O
A P N L S T C A C A E B T I S O S T C E E R I R C I I I R V C N G C A N
O P O N I E P A T I N A R E U D E A I N O C G O S A A O T U S A B O O L
T A I S G V R A O E M E I R B O O R A A I I A S A E L A E A P I S N G T
R R P O E A T I R N A E A R A C B D Ó R X C I A L T O A I R U A I C S Ó
G A E E T M D I T E R O A E A O Q A U A R I L O G S I I G O C L I I D T
O R L A N O L S L H O M G B M V A V Í O R O G A A A O G N A N E O E A P
Y P Í B M S L N N A A R C P U C R C I O P A A M U O M O R A A R T R O E
I E C M G A E A A G C O I O S A R A O L E A A R N T E M N C E V T T H G
I P U I X S R S M A A N O N C E S B T Y A N I Í P E G P Ó E P T E O S D
C T L R P I A E I N E C T G E L A A R R G E A A E T E E U I T I A A L O
R O A E A I B T F A A S Í A Í L R L S E A T N E X H I B I C I Ó N D I J
P A T I N A G D R N J E L D H U E L O P I R G A T A B R A E D R R E A A
C L A L T A A Ó V S E A C E O R T O G A I S C N N D R E N I I E T S N R
R E A I R R E P I T A V E N G A S N L T D H E I B A S I I A G S O R C P
C R C R A S L E O E E I X B M D R A R M I C I G E E R I R A A R X O A G
N D A I I A B N T R A E C A G O N O V U O L E G I C A A O G E T N C G O
A O I I G A I A G I A I O N R O I V R S N I A T N S O G O G E A P K P A
D G E B A A L E G E I C R L R E R I V E E B A A I O E T S O N G G C C C
A T C O B C R C A I B O R O U N A E O O O C Í A R C P N R B O L O S A P
R L R R E G S N A L C A A H O I H A H O L B I J E A R R E C E V A A U A
Í N L M O E A T S P I S C I N A H C O M P R A S I T A B I U O G O A T A
```

Puzzle 4 Palabras mezcladas

The vocabulary words are all mixed up! Use the word halves in the box below to piece the words back together again. Use each half only once.

me	ba	cie	de rock	lga	el hielo
concierto	exhib	dar	cicio	sa	su
ición	ga	pelíc	mi	nga	ula
ga	nga	ra	cor	to	ar
patinar en	atro	ga	pisc	os	os
re	na	ab	po	ta	patin
ejer	ve	ha	co	rre	mus
vam	bol	eo	caballo	ten	te
ra	mpras	ina	trai	repi	montar a

1. _____

2. _____

3. _____

4. _____

5. _____

6. _____

7. _____

8. _____

9. _____

10. _____

11. _____

12. _____

13. _____

14. _____

15. _____

16. _____

17. _____

18. _____

19. _____

20. _____

21. _____

22. _____

23. _____

24. _____

25. _____

26. _____

27. _____

Actividades en español 25

Each of the following events occurs at a different location. Read the clues below to determine where each event takes place. Fill in the chart using "S" for sí and "N" for no.

Claves:

1. No hay ningún concierto el lunes.
2. El sábado hay una película especial en el teatro.
3. Este fin de semana hay música en el parque.
4. El domingo hay una exhibición de arte en el museo.

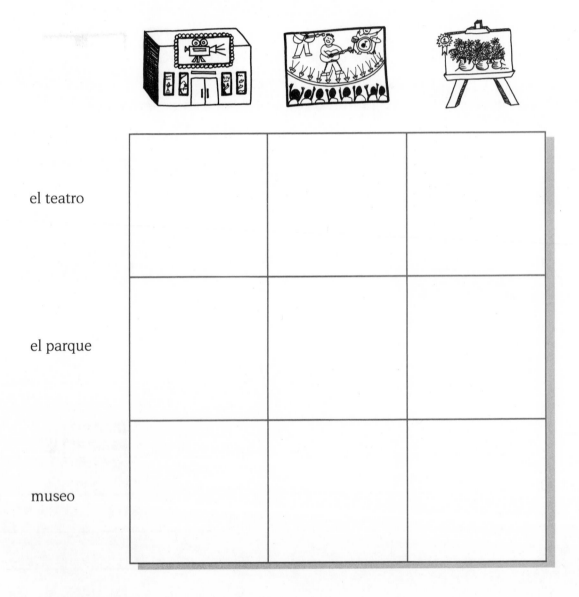

el teatro

el parque

museo

Puzzle 6 Crucigrama

Complete the crossword puzzle using the Spanish word for each clue.

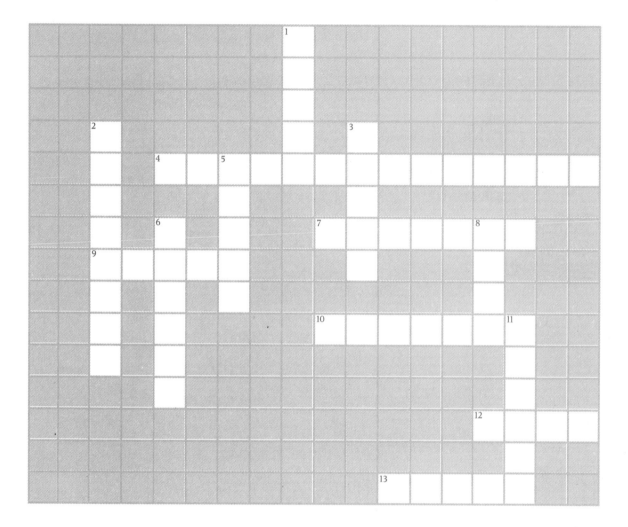

Down

1. put (it) (formal command)
2. movie
3. let's go
5. to swim
6. bring (it) (formal command)
8. open (formal command)
11. repeat (it) (formal command)

Across

4. to ride a horse (3 words)
7. shopping
9. run (formal command)
10. to skate
12. listen (formal command)
13. leave (formal command)

Ana has big plans for the weekend! She wrote you another email all about her plans. Can you read this email? Much of it is in picture form. When you come to a picture, read it as if it were a Spanish word.

¡Este fin de semana tengo tantas actividades interesantes organizadas! El viernes por la

tarde voy de con mis amigas. Por la noche vamos al a ver un

 . El sábado por la mañana voy a 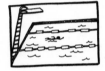 en la  .

Por la tarde pienso ver una de un artista famoso en el de arte

moderno. El domingo me gusta hacer . Todavía no sé si voy a ,

 o jugar . ¡Que fin de semana tan ocupado!

Cartas al periódico

Puzzle 1 *El código secreto*

Help break this code. Using the key below, replace the code with the correct letters. For example, when you see the letter L, replace it with an N. When you see the letter O, replace it with an S. Do this for all the letters until you reveal each word. Good luck!

Code	B	C	D	F	G	J	K	L	N	O	Q	R	U	V	X	Y	Z
Letter			T			O		N		S				E		R	

1. NVLJO _____

2. XVKJO _____

3. FGYNR _____

4. CRYDVYJ _____

5. OVYGRNVLDV _____

6. CJYYVJ RVYVJ _____

7. OJBYV _____

8. QGYVCCGJL _____

9. UJYDRCRYDRO _____

10. CZVYUJ _____

Puzzle 2 Acróstico

Write the words in Spanish. Then use the shaded letters to answer the question.

1. postage stamp ___ ___ ▢ ___ ___
   ₁

2. mail sack ___ ___ ___ ___ ___ ___ ___ ___ ▢ ___
   ₂

3. greeting ___ ___ ___ ___ ▢ ___
   ₃

4. signature ___ ▢ ___ ___ ___
   ₄

5. letter ___ ___ ▢ ___ ___
   ₅

6. package ___ ___ ___ ___ ▢ ___ ___
   ₆

7. post office ▢ ___ ___ ___ ___ ___
   ₇

8. body ▢ ___ ___ ___ ___ ___
   ₈

9. postage stamp ___ ___ ___ ___ ___ ___ ▢ ___ ___ ___
   ₉

10. envelope ___ ▢ ___ ___ ___
    ₁₀

11. mailbox ___ ___ ___ ___ ▢
    ₁₁

Question

¿Qué información se neccesita para enviar una carta?

Answer

___ ___   ___ ___ ___ ___ ___ ___ ___ ___ ___
1   2   3   4   5   6   7   8   9   10   11

Find and circle or highlight these words in the puzzle below.

AHORA	BASTANTE	MUY	CUERPO
ESTAMPILLA	MAL	CORREO	LEJOS
CARTA	BIEN	GIRO	DESPUÉS
PAQUETE	SALUDO	POCO	TARJETA

```
E A A T H E S T A M P I L L E E P N C U E R P O R M
B E O M I Y É L T R A O P O A P T A E P L I U S C I
I N U A T A B D A A R O H A A S E E T P T T A P T T
E L M O T P A O L E Q O M A B A T O O L U T O E L O
N R N C R T S R L R T U B E G N C A R T A H O O A O
D C A O C A T O I E L U R A A I A E S O K U S U T E
E E T T E A A E P C P H E T N O P O A O T É E L S P
L C H R A R N R M B T L S Q S I O O H A U A A G O O
L I J T M U T O A R S A H E A U E A J P T M R I P R
C Q J A L E I C T E B L G G P P U B S R U R O R T O
E R C O L O M C S S E G O I R E C I E Y S I D A A E
M P S A S P R É E U A U N A R U D C O E A P U Y T R
S S A L U D O L E C U U A U U O P A E C U E L P I O
O T A R J E T A W P S S T A L A R S R N Y A E O J R
E O T É P C S A E I S G A R O D P T R C J A S S R T
B U A P U E U U U U R O E M É P U O A E E U T A O
H Y B A E A I É T R L C S A E R O L C U O U E A T U
S A L P P O C O U E T E U Q A P P G N T T G R L S I
U R O H A T R T I A B N I R T R R A A E O A S P M L
L A I L A S S É U P S E D R A P A L S O J E L M O C
T B O E A S E M T E T R U J P S O S R M U S R S R A
```

Puzzle 4 Palabras mezcladas

The vocabulary words are all mixed up! Use the word halves in the box below to piece the words back together again. Use each half only once.

oy	eo	portac	fácil	me	correo
depen	demasi	estampi	lo	si	car
re	m	ca	sel	despac	nos
do	rápida	co	ta	paque	io
rma	temp	ho	artas	ida	desped
pr	sob	corr	po	mente	ás
rano	lla	aéreo	diente	empre	h
si	fi	mente	l	ma	ado
muc	m	uy	salu	onto	te

1. _____

2. _____

3. _____

4. _____

5. _____

6. _____

7. _____

8. _____

9. _____

10. _____

11. _____

12. _____

13. _____

14. _____

15. _____

16. _____

17. _____

18. _____

19. _____

20. _____

21. _____

22. _____

23. _____

24. _____

25. _____

26. _____

27. _____

Something is sent through the mail. Read the clues below to determine who did what. Fill in the chart using "S" for sí and "N" for no.

Claves:

1. María Elena no compró un sello.
2. El cartero me vendió una estampilla.
3. Mi mamá me dio un sobre.
4. María Elena me mandó una tarjeta postal.

el cartero			
María Elena			
mamá			

Puzzle 6 *Crucigrama*

Complete the crossword puzzle using the Spanish word for each clue.

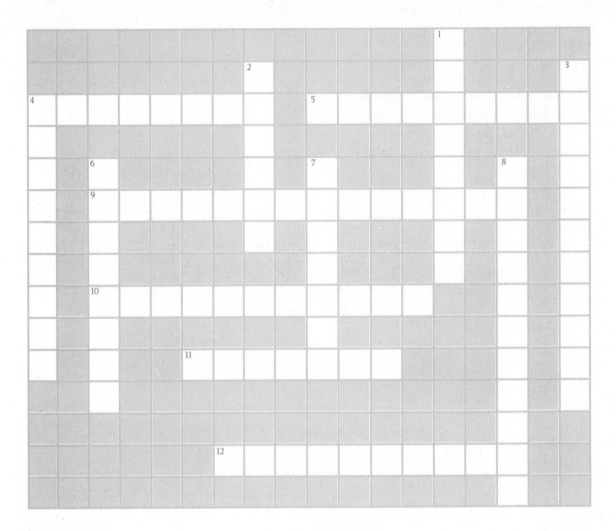

Down

1. enough
2. mail
3. mail sack
4. address
6. early
7. package
8. air mail (2 words)

Across

4. slowly
5. too (much)
9. heading
10. quickly
11. mail carrier
12. easily

Ana is complaining about "snail mail." Can you read her email message? Much of it is in picture form. When you come to a picture, read it as if it were a Spanish word.

¡Cuánto me gusta el electrónico! Es mucho más fácil que el correo

tradicional, ¿no te parece? Para mandar una , hay que tener un

 y papel. Para enviar una carta o una , hay que saber la

 y poner suficientes . Después hay que entregar la carta al

 o meterla en el . Si no tienes suficientes , pueden

devolver la carta. Es aun más difícil enviar un  o un .

La verdad no hay correo más rápido que el correo electrónico. Un mensaje de correo

electrónico llega mucho antes que una carta enviada por . ¡No hay

nada mejor que el correo electrónico!

Chapter 6

Por la mañana/Por la noche

Puzzle 1 · El código secreto

Help break this code. Using the key below, replace the code with the correct letters. For example, when you see the letter E, replace it with a P. When you see the letter G, replace it with a V. Do this for all the letters until you reveal each word. Good luck!

Code	A	C	E	F	G	I	J	K	L	M	N	O	Q	R	U	W	Z
Letter			P		V						S				D	E	A

1. UWNGWNRLJNW _____

2. ZFINRZJNW _____

3. ZOWLRZJNW _____

4. KZGZJNW _____

5. UIJQLJNW _____

6. EWLMZJNW _____

7. CALRZJNW KZ
   JIEZ _____

8. FWELKKZJNW
   WK EWKI _____

9. UWNEWJRZJNW _____

10. KWGZMRZJNW _____

Puzzle 2 Acróstico

Write the words in Spanish. Then use the shaded letters to answer the question.

1. to go to bed ____ ▢ ____ ____ ____ ____ ____ ____ ____

1

2. to get undressed ____ ____ ____ ____ ▢ ____ ____ ____ ____ ____ ____

2

3. to wake up ____ ____ ____ ▢ ____ ____ ____ ____ ____ ____ ____

3

4   to get shaved ____ ____ ____ ▢ ____ ____ ____ ____ ____

4

5. to get up ▢ ____ ____ ____ ____ ____ ____ ____ ____

5

6. to wash up ▢ ____ ____ ____ ____ ____ ____ ____

6

7. to comb one's hair ____ ____ ____ ____ ▢ ____ ____ ____

7

8. to go to sleep ____ ____ ▢ ____ ____ ____ ____ ____

8

9. to take a bath ____ ____ ____ ____ ____ ▢ ____

9

10. to get dressed ____ ▢ ____ ____ ____ ____ ____ ____

10

Question

¿Qué se hace al pelo y a los dientes?

Answer

____ ____ ____ ____ ____ ____ ____ ____ ____ ____

1   2   3   4   5   6   7   8   9   10

Puzzle 3 Buscapalabras

Find and circle or highlight these words in the puzzle below.

DESPERTARSE	PEINARSE	DESVESTIRSE	LEVANTARSE
CEPILLARSE	VESTIRSE	ACOSTARSE	LAVARSE
QUITARSE	AFEITARSE	DORMIRSE	BAÑARSE

```
R I A E S C R E L R E L I T A E R R E P A I L R S T P E O L I
A S R S R S T L E P S E L P R A L V D S A R E I L P I T R I A
A T C R I T R T S D E V E S A I P A E N E L E R S L C I N A E
N B E Y T S I R S I V A S O V V R A S S R D S R L S A S I S I
V S P E R R O N D S R N E N E R E E P S R M N E L R E M L S D
A E I T A A C R E E R T A R E S M E E R E S T P Y S P E Q S U
N E L L Y L T E S E I A L R R O A S R R N S R S T T E T E A E
A A W E U C D E V A S R L N N R E P T T R O Y V L O S E E L E
R E A R U A U S E I A S L E L E S A A E E E Ñ D A T L R E S
V E R R A E R E S R I E S T E E P S R J I T A E I R I A E R O
E P S S F E V S T T L E R S T S T B S R P M L E E R A E R I A
S P A V E O E L I I A D N T V P T S E T T T E E R R R E T D E
T C R A I E E A R B A E C E P I L L A R S E D U L Y P E L O L
I S L C T A A V S D E V A B N E R I T R S E A E S Ñ E S S R O
R E O E A C C A E R A S T A I L I E R O E A E T N D O D L M E
S I S L R C L R A A L T E Ñ E E E R S I A A T E R A R C T I A
E E V S S U P S A E E Q E A P R E E E R B N M U R E T E O R A
T S D S E A L E S O R O S R S A I R L E S E T A E S O L R S O
E R I E S B S E T R R V A S L O O A R E T S E S E E A F A E R
V S R E A R I R I R I A D E E O T L D A A P C S T R L S E O A
E A I O E O L P O R S O A S S E P E R R I A E L P S A E Q E S
P O T S E A T E Ñ S L E C A L A L S C O L I A R R Q E S S T R
A P E R I I R R E E T I E L I A E F E E E O M D S E F P R R T
L L S E T S A A S N A C O S T A R S E U T E P E I N A R S E P
L S M E T A S V Q U I T A R S E Y L A W R E P A Q S E R S R R
S E D Ñ R V S S S S F T E R L E A D C E D E R P N R C S S R T
```

The vocabulary words are all mixed up! Use the word halves in the box below to piece the words back together again. Use each half only once.

cepillarse	arse	cepillarse los	mirse	quitarse
dientes	arse	bañar	tarse	stirse
pein	desve	se	la ropa	despert
acos	ves	el pelo	tirse	lav
dor	levan	arse	tarse	

1. _____   7. _____

2. _____   8. _____

3. _____   9. _____

4. _____   10. _____

5. _____   11. _____

6. _____   12. _____

Héctor, Teodoro, and Sara are getting ready for bed. Read the clues below to determine who is doing what. Fill in the chart using "S" for sí and "N" for no.

Claves:

1. Héctor no se quiere acostar.
2. Teodoro ya se bañó.
3. Sara ya está en la cama.
4. Los dientes de Héctor están limpios.

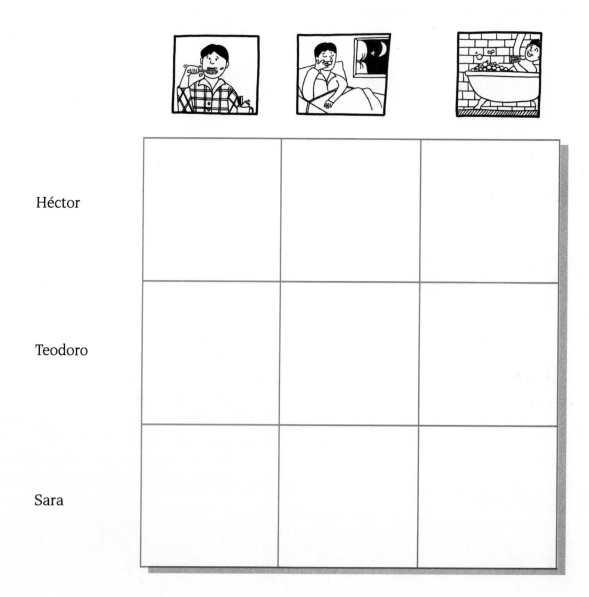

Complete the crossword puzzle using the Spanish word for each clue.

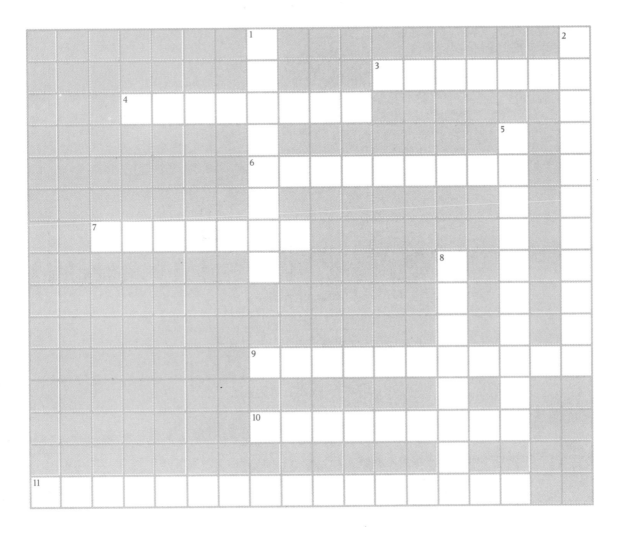

Down

1. to comb one's hair
2. to wake up
5. to get up
8. to get dressed

Across

3. to wash oneself
4. to go to sleep
6. to lie down
7. to take a bath
9. to get undressed
10. to shave
11. to brush one's hair (3 words)

Ana has her first babysitting job this weekend! Her aunt and uncle left her with a list of instructions to help her take care of her cousin, Francisca. Much of her email is in picture form. When you come to a picture, read it as if it were a Spanish word or phrase.

Este fin de semana, voy a cuidar a mi primita, Francisca. Mis tíos me dejaron esta lista de instrucciones:

El sábado por la noche:

Primero: Francisca debe y . Tiene que  también.

Segundo: Después del baño, debe y .

Tercero: Necesita ponerse los pijamas y en la cama antes de las nueve.

El domingo por la mañana:

Primero: Francisca debe a las ocho y antes de las nueve.

Segundo: Después de desayunarse, debe y .

Chapter 7

Una historia policíaca

Puzzle 1 El código secreto

Help break this code. Using the key below, replace the code with the correct letters. For example, when you see the letter A, replace it with an S. When you see the letter S, replace it with an L. Do this for all the letters until you reveal each word. Good luck!

Code	A	B	C	D	E	F	G	H	J	L	M	O	Q	S	T	X	Y	Z
Letter	S	E				R								L	U	F		

1. YTFOJH   _____

2. XTBFHQ   _____

3. OGHLOJH JBXBQAHF   _____

4. XTCEHA   _____

5. MCAZHSO   _____

6. AOSO JBS ZFCGTQOS   _____

7. DOYBFO   _____

8. FHGH   _____

9. XTB   _____

10. SOJFHQ   _____

Write the words in Spanish. Then use the shaded letters to answer the question.

1. thief ____ ____ ▢ ____ ____ ____
   1

2. victims ____ ▢ ____ ____ ____ ____ ____ ____
   2

3. witness ____ ____ ____ ____ ____ ▢ ____
   3

4. criminal ____ ____ ▢ ____ ____ ____ ____ ____
   4

5. gun ____ ____ ____ ▢ ____ ____ ____
   5

6. prosecutor ____ ____ ____ ____ ▢ ____
   6

7. accomplice ____ ____ ____ ____ ▢ ____ ____ ____
   7

8. judge ____ ____ ▢ ____
   8

9. courtroom ▢ ____ ____ ____ del
   9

____ ____ ____ ____ ____ ____ ____ ____ ____

Question

¿Qué pista importante deja un ladrón que trabaja sin guantes?

Answer

Huellas ____ ____ ____ ____ ____ ____ ____ ____ ____
        1   2   3   4   5   6   7   8   9

Find and circle or highlight these words in the puzzle below.

CAJERA	ROBO	FUISTE	ABOGADO
PISTOLA	JUEZ	CÓMPLICE	FUERON
VÍCTIMAS	FISCAL	TESTIGO	FUI
FUE	LADRÓN	FUIMOS	
HUELLAS	CRIMINAL	JURADO	

```
T S L D L A P L N B S A O O A I F C Í J P C E L I I U L M J L
E O J L A T M M Z A U O A S U E E D E E I R O L I S E R V U A
O B E A T N R E E A Ó E R S L I U A A N N A O S O U F B U R T
C T A D E I N U D E A R E U U Í L E D F S C J E A Ó F L I A E
A O B R S P S T L A E D E P E T R I B U N A L D N J I G O D J
L Ó O Ó T B D M N I M E D S N D M U O F T I E F U I M O S O U
L C G N I E C B Ó S A M V G F R O B O S E R D F E I H E O S R
L I A C G J U E A A G B Í L A E D N Ó P Ó C M U F F J R N P T
G G D S O N I O A U R L C E A N R L O I F Ó D I A I O B S N S
A E O P E A O U U Í L E T D F U A T N S M M L E R T C E A A N
U C N O E M A V C R A T I T M D D O A T A P I O I I M I E M A
E Ó D E F U I S T E E U M M A U S E C O D L A L J N S S F R C
I U E D S C P T I C T R A R U F A U A L F I N R E T Í A P A F
O F F A R R I L R N G R S R I B F A J A U C T N M L N L E A D
J U E G M I U N E J E O U A I B G F E R R E A E S L E I E U E
U E N O I M A M U C U E S E T I N C R F O P A L I H I H E E R
E R S E V I E U T M I R E H U E L L A S N D I N I T A L E S G
Z O O M F N F I S C A L C L T M L O N D A I O U F S E O N O L
S N R T U A L A B L A S R G A S O H D C A A D S O N O N N E S
I A F A E L G J I U C O E A L O U I T L S S U E J S R A O O S
T F R C N E S P O I A L A D A S U L A F S F N S T E E A I E S
```

The vocabulary words are all mixed up! Use the word halves in the box below to piece the words back together again. Use each half only once.

bo	sala del	abogado	ra	crimi	fue
ce	fuim	caje	ron	defensor	víctim
tribunal	ju	i	ón	as	tigo
tes	fu	ado	huellas	pis	al
ste	ladr	nal	ez	fisc	tola
cómpli	ro	digitales	fui	jur	os

1. _____

2. _____

3. _____

4. _____

5. _____

6. _____

7. _____

8. _____

9. _____

10. _____

11. _____

12. _____

13. _____

14. _____

15. _____

16. _____

17. _____

18. _____

Cuadro de lógica

Victor, Maricela, and Rigoberto each have a different role in a crime story. Read the clues below to determine what role each one plays. Fill in the chart using "S" for sí and "N" for no.

Claves:

1. Victor no ha robado nada.
2. Maricela va a decidir el caso.
3. Rigoberto robó veinte dólares.
4. A Victor le robaron dinero.

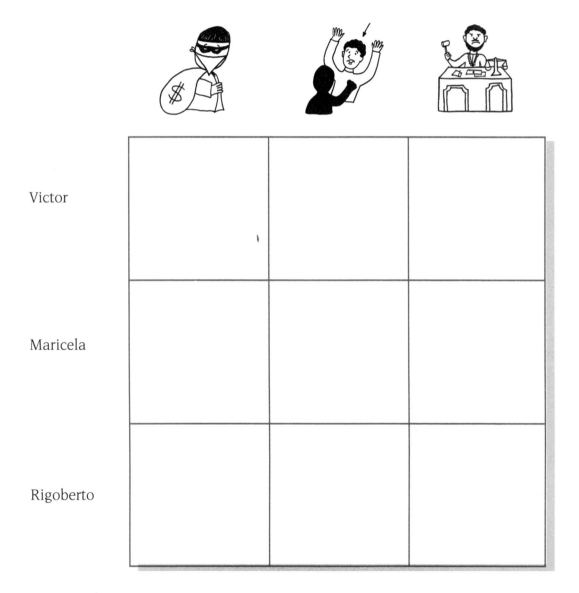

Victor			
Maricela			
Rigoberto			

Complete the crossword puzzle using the Spanish word for each clue.

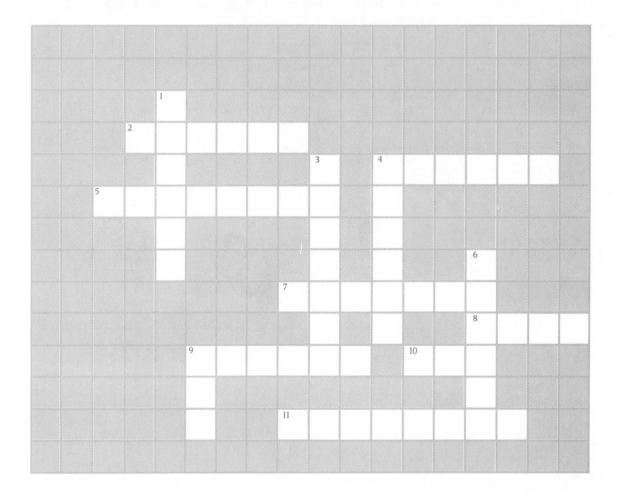

Down

1. we went
3. witness
4. you went
6. cashier
9. I went

Across

2. jury
4. district attorney
5. accomplice
7. gun
8. judge
9. you all went
10. s/he was
11. criminal

Puzzle 7 Cuento de dibujos

Ana loves TV shows about "cops and robbers." Read this email about her favorite show. Much of her email is in picture form. When you come to a picture, read it as if it were a Spanish word or phrase.

A mi me encantan los programas policíacos de la televisión, ¿y a ti? Mi show favorito se

llama "  y ". En el programa, mis personajes favoritos son el

 y el . Me parece que tienen trabajos muy difíciles. La otra noche

presentaron un episodio bien bueno. Un y su cómplice robaron mucho dinero

de la casa de un hombre millonario. Cogieron a los dos ladrones y los llevaron a la

 . El hizo su trabajo bien, pero a causa de las

que dejaron los ladrones, el los declaró culpables. ¡Qué episodio más

emocionante! ¿Te gustan los programas policíacos?

Chapter 8

Las vacaciones

Puzzle 1 Letras revueltas

Use the picture clues to help you unscramble these words.

1. PRSACE	2. JGRAU LA SNIET	3. IRART LE EFBRISE
_____	_____	_____
4. RUJGA A SAL RACSAT	5. UGJAR LA BOELIVOL	6. JGAUR AL GLFO
_____	_____	_____
7. NORMTA NE TCECILBIA	8. JUARG LA NPGI NPOG	9. GJUAR A OLS MOSDIÓN
_____	_____	_____

Write the words in Spanish. Then use the shaded letters to find the title of this puzzle.

1. to fish   ___ ___ ___ ___ ___ ___
              1

2. to row   ___ ___ ___ ___ ___
                        2

3. to take photos   ___ ___ ___ ___ ___   ___ ___ ___ ___ ___
                     3

4. to play golf   ___ ___ ___ ___ ___   ___ ___
                                           4

   ___ ___ ___ ___

5. to throw a frisbee   ___ ___ ___ ___ ___ el
                         5

   ___ ___ ___ ___ ___ ___ ___

6. to play tennis   ___ ___ ___ ___ ___   ___ ___

   ___ ___ ___ ___ ___
            6

7. to ride a bicycle   ___ ___ ___ ___ ___ ___   ___ ___ bicicleta
                                                     7

8. to ride a horse   ___ ___ ___ ___ ___ ___   ___
                      8

   ___ ___ ___ ___ ___ ___ ___

9. to play ping pong   ___ ___ ___ ___ ___ al   ___ ___ ___ ___
                                                 9

   ___ ___ ___ ___

10. to jog   ___ ___ ___ ___ ___   ___ ___ ___ ___ ___ ___ ___
                                          10

11. to play cards   jugar ___   ___ ___ ___
                                        11

   ___ ___ ___ ___ ___ ___

Puzzle Title

Los ___ ___ ___ ___ ___ ___ ___ ___ ___ ___ ___
      1   2   3   4   5   6   7   8   9   10   11

Find and circle or highlight these words in the puzzle below.

DAR UNA CAMINATA	JUGAR AL VOLEIBOL	ERAN
MONTAR EN BICICLETA	HACER JOGGING	IBAN
MONTAR A CABALLO	SACAR FOTOS	IBA
LUGAR PINTORESCO	MONTAÑA	ERA
JUGAR A LAS CARTAS	PESCAR	
JUGAR A LOS DOMINÓS	CAMPO	

```
L I J U G A R A L O S D O M I N Ó S A G U J M N C U
O A G I O R A C S E P R G C O S A A E I M L S O T D
B Ó A O L I J A I I C C U S E L N A C M L R S U I R
I R M C L I M G N B B C O C P C R U I L A O A I O A
E J O J U G A R A L A S C A R T A S U U J Ñ R A J C
L U N E B C A I B A N N O A C N G A R O N A M T A
O G T R A S N O C C R T A I B A A C A T R A O A M C
V A A O C L U G A R P I N T O R E S C O I R C O R J
C R R T C T E C A T C C E T P D N A P E E N N A C
L A A N A O V C A A E S B I I O M A I R R T G S C E
A L C I C F C C A M P O N C E M P O S L A R O L A C
C V A C R R A I A A C T L C A A L C C Ñ C T A P O A
R O B R A A T C S A O A A G A U U A A R C B A N C N
A L A A T C S A T R A C S A L D A C R B G U J R C L
G E L G N A M O N T A R E N B I C I C L E T A O M C
U I L U A S M S D B G N I G G O C R E C A H B C D E
J B O L M D C L N A N S A C A R F O T O S N B A S M
I O L E A O D D A B D U A D C A M I N A T A B E I O
F L O D A R U N A C A M I N A T A A D O O A A L E N
A J E R A S O T H A C E R J O G G I N G N C C B S A
R O A A S D A M M R N T A A S L T M T E S A I B P A
```

Puzzle 4 Palabras mezcladas

The vocabulary words are all mixed up! Use the word halves in the box below to piece the words back together again. Use each half only once.

go	tenis	er	ar	caballo
desc	rem	ib	fotos	o
po	tirar el	montar a	jugar al	jogging
sacar	car	ansar	i	pes
jugar al	ping pong	rí	an	frisbee
dar una	la	a	lugar	an
ba	bicicleta	na	er	voleibol
cartas	golf	montar en	jugar al	cam
dominós	pintoresco	hacer	jugar a las	jugar a los
vegar	jugar al	caminata		

1. _____
2. _____
3. _____
4. _____
5. _____
6. _____
7. _____
8. _____
9. _____
10. _____
11. _____
12. _____
13. _____
14. _____
15. _____
16. _____
17. _____
18. _____
19. _____
20. _____
21. _____
22. _____
23. _____
24. _____

María Elena, Jorge, and Darío each planned a different fun activity for the weekend. Read the clues below to determine what each one did. Fill in the chart using "S" for sí and "N" for no.

Claves:

1. María Elena no jugó ningún deporte.
2. Jorge no jugó con una pelota.
3. Darío jugó un deporte con una raqueta.
4. Jorge no tiene una cámara.
5. A María Elena le gusta la fotografía.

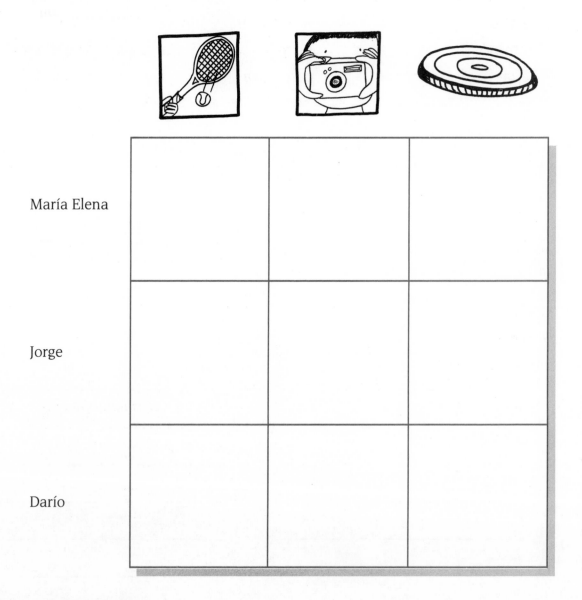

María Elena			
Jorge			
Darío			

Puzzle 6 Crucigrama

Complete the crossword puzzle using the Spanish word for each clue.

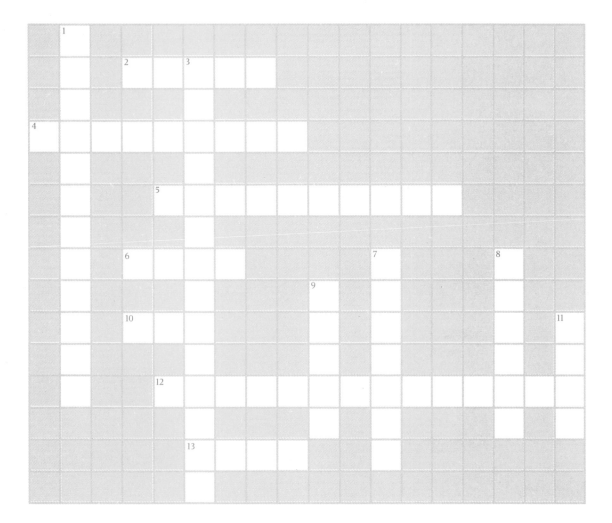

Down

1. to jog (2 words)
3. to ride a horse (3 words)
7. mountain
8. to fish
9. to row
11. they were

Across

2. country
4. to rest
5. to take photos (2 words)
6. you all went
10. s/he was
12. to take a walk (3 words)
13. lake

Ana was going to spend a weekend in the countryside with her friends, but the trip got rained out! Read Ana's email about all the activities she had planned. Much of her email is in picture form. When you come to a picture, read it as if it were a Spanish word or phrase.

Este fin de semana, mis amigos y yo íbamos a ir al  , pero llovió

demasiado para ir. Allí tenemos una casa al lado de un donde

pensábamos y . Es un  y mi amiga

Amalia iba a . A mi amigo Lorenzo le gustan los deportes y él iba a

 , y en las  . Por mi

parte, iba a y . ¡Qué lástima que se canceló nuestro fin

de semana de diversión!

Chapter 9

¿Cuándo?

Puzzle 1 — El código secreto

Help break this code. Using the key below, replace the code with the correct letters. For example, when you see the letter F, replace it with an M. When you see the letter L, replace it with an E. Do this for all the letters until you reveal each word. Good luck!

Code	E	F	H	I	J	K	L	N	O	P	Q	U	V	W	Z	G
Letter		M					E	D	L				P	R		Ñ

1. NEFHQUE _____

2. NHI _____

3. JEWI _____

4. PZVHFEP _____

5. LKLWQHNIN _____

6. FLP _____

7. IGE _____

8. PZVHPKL _____

9. PZVE _____

10. OZQLP _____

Write the words and phrases in Spanish. Then use the shaded letters to find the title of this puzzle.

1. century ___ ___ ___ ▢ ___

1

2. the day before yesterday ___ ___ ___ ___ ▢ ___ ___ ___

2

3. yesterday ___ ___ ▢ ___

3

4. minute ___ ___ ___ ___ ▢ ___

4

5. month ___ ▢ ___

5

6. hour ___ ___ ▢ ___

6

7. tomorrow ___ ___ ___ ___ ▢ ___

7

8. Sunday ___ ___ ___ ▢ ___ ___ ___

8

9. day ▢ ___ ___

9

10. year ▢ ___ ___

10

11. the day after tomorrow ___ ___ ___ ___ ▢ ___ mañana

11

Puzzle Title

___ ___   ___ ___ ___ ___ ___ ___ ___ ___ ___

1   2   3   4   5   6   7   8   9   10   11

Find and circle or highlight these words in the puzzle below.

DE HOY EN OCHO DÍAS	SUPIERON	SIGLO
DE HOY EN QUINCE DÍAS	VIERNES	LUNES
SEMANA QUE VIENE	SEMANA	SUPE
PASADO MAÑANA	SÁBADO	HORA
SEMANA PASADA	SUPIMOS	SUPO
SEMANA PRÓXIMA	MARTES	AYER
MIÉRCOLES	SUPISTE	DÍA
ETERNIDAD	JUEVES	AÑO
ANTEAYER	MAÑANA	HOY
DOMINGO	MINUTO	MES

```
E U A S S P T O E S D H P I E I S E M A N A P R Ó X I M A W A
O O T E E V N A S R E U E D E S A R A D E Ó E E Y D M E S O R
Ñ I U A M I D D E H O Y E N O C H O D Í A S R E R D N H I M E
N Á A E A E T S E M A N A P A S A D A B U D S X Í E Y C G E S
U E E U N R M A A Í E R E J E A S J E I A I U S S H R N L D N
M O L D A N S N A M U E A S O E X E M A H E P Á O O P A O I V
U D A I D E R I D Á A N T E A Y E R A D Í A E B A Y H S E O S
Í H T Á Ñ S M S U P O S B V R A R N O P E J S A H E E A I O X
N S S U T U M V S E U R S É H E É U A A N A A D H N Y L S R O
P S E M A N A Q U E V I E N E Q R Y A S H D L O S Q I T A A O
L S S R N A M S P P Í S C I Á A O N P M Q S E I A U O É G S A
O Ñ D N E S N U A A S E P I Y M N Y N E S S M S A I P I M U D
J U E V E S R P Y S U P M E D A D N S S G H I H R N S É I A O
D É P G P U A I E A M A Ñ A N A O D A Y D S N S G C E S É O P
A G E E H H S S R D I O R A B E M A R S P S U N V E T U R M O
D M A N D H A T P O Ó H E O A M I S E A S U T O O D E P C O N
A O H O Y B A E S M H O E J N U N E V L S P O S O Í R I O E A
A O S P S O E R S A Y R M O A V G P O A A I M G N A N M L L A
S E P M O T É U A Ñ F A A Ñ A A O Ñ O R Y E L N Ñ S I O E A U
E A I Á V É E U R A N M R R A B A E T M O R U Ñ S S D S S N E
A Ñ G S H N I P A N A E T A Q C O Í U U R O N H R A A T N I C
S O E Y E H É I E A A A E H V I N M A A E N E N M S D E Y I N
E S A A A Q A H S A N M S U A C N S V N X Í S A E O B M I N C
```

The vocabulary words are all mixed up! Use the word halves in the box below to piece the words back together again. Use each half only once.

anteay	su	go	glo	si	ay
ocho días	a	bado	sema	eves	er
es	me	mañana	próxima	pasado	ju
domin	supis	quince días	semana	viern	te
pe	ra	s	min	h	ho
ño	que viene	uto	de hoy en	lun	semana
supim	ía	ana	mañ	sá	idad
oy	semana	po	d	de hoy en	na
etern	pasada	os	es	su	er

1. _____

2. _____

3. _____

4. _____

5. _____

6. _____

7. _____

8. _____

9. _____

10. _____

11. _____

12. _____

13. _____

14. _____

15. _____

16. _____

17. _____

18. _____

19. _____

20. _____

21. _____

22. _____

23. _____

24. _____

25. _____

26. _____

27. _____

Puzzle 5 Cuadro de lógica

Alejandro, José, Luz, and David each have an appointment on a different day of the week. Read the clues to determine when each person made one. Today is Monday. Fill in the chart using "S" for sí and "N" for no.

Claves:

1. David tiene una cita durante el fin de semana.
2. José tuvo una cita ayer.
3. Luz tiene una cita pasado mañana.
4. David tiene una cita el sábado.
5. Alejandro tiene una cita mañana.

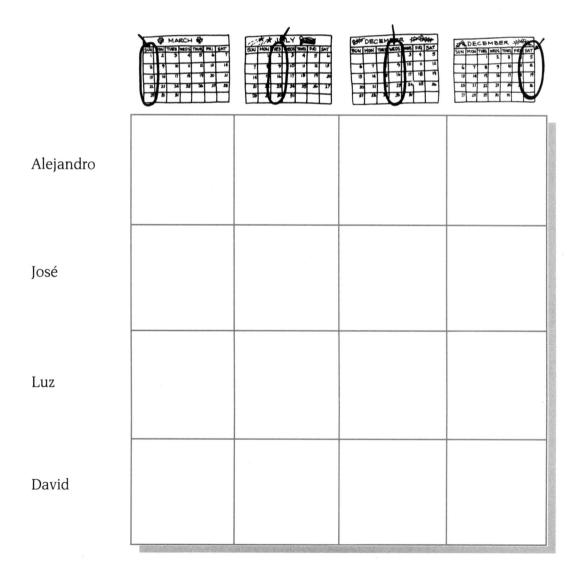

Alejandro			
José			
Luz			
David			

Puzzle 6 Crucigrama

Complete the crossword puzzle using the Spanish word for each clue.

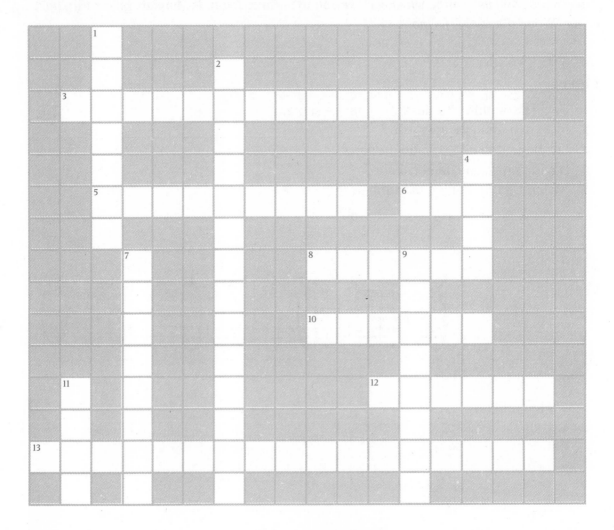

Down

1. Friday
2. next week (3 words)
4. hour
7. they found out
9. the day before yesterday
11. yesterday

Across

3. one week from today (5 words)
5. eternity
6. year
8. week
10. Tuesday
12. tomorrow
13. two weeks from today (5 words)

Ana has a busy month. Read this email all about her activities. Much of her email is in picture form. When you come to a picture, read it as if it were a Spanish word or phrase.

Este  estoy muy ocupada.  fui a estudiar a la biblioteca

porque  tenemos un examen muy importante en la escuela.

 fui con una amiga a comprar un regalo porque la  es el

cumpleaños de mi hermano. Va a cumplir trece  .  tengo

una cita con el doctor y 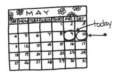 voy al dentista. 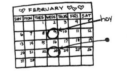 voy a

visitar a mis abuelos. Pienso pasar una  con ellos. ¡Que mes tan lleno

de actividades!

Chapter 10

Los deportes

Puzzle 1 Letras revueltas

Use the picture clues to help you unscramble these words.

1. OSEONCABTL	2. IÉOBLBS	3. URAAQTE
4. PAADSE	5. ÚFOLTB	6. OBEOX
7. NAUETG	8. OEIVOBLL	9. ESTNI

Write the words in Spanish. Then use the shaded letters to answer the question.

1. tennis ____ ____ ____ ____ ____
    ₁

2. baseball ____ ____ ____ ____ ____ ____ ____
    ₂

3. boxing ____ ____ ____ ____ ____
    ₃

4. glasses ____ ____ ____ ____ ____
    ₄

5. soccer ____ ____ ____ ____ ____ ____
    ₅

6. cycling ____ ____ ____ ____ ____ ____ ____ ____
    ₆

7. uniform ____ ____ ____ ____ ____ ____ ____ ____
    ₇

8. race ____ ____ ____ ____ ____ ____ ____
    ₈

9. net ____ ____ ____
    ₉

10. skiing ____ ____ ____ ____ ____
    ₁₀

11. bat ____ ____ ____ ____
    ₁₁

12. helmet ____ ____ ____ ____ ____
    ₁₂

Question

¿Cuál es un sinónimo para 'basquetbol'?

Answer

__ __ __ __ __ __ __ __ __ __ __ __
1 2   3 4 5 6 7 8 9 10 11 12

Find and circle or highlight these words in the puzzle below.

TENIS	ESOS	ESAS	VOLEIBOL
BALONCESTO	CASCO	ESTA	FÚTBOL
ESGRIMA	AQUELLAS	FÚTBOL AMERICANO	AQUELLA
BALÓN	NATACIÓN	ESA	ESTOS

```
E S O B Ó A M C E L N E S L S S O N Ó A A F S E E U
S N L E L S A S O E L I Q E B A L Ó N S T S E A S U
T M F T O E T O N A C I R E M A F L L O B T Ú F T S
A I Ú T B A F L U L N E N I N Ú C A A E Q S T N O R
S A T S E L E O N E V O L E I B O L Ú A S O V E S E
A A B V L S N N A C A G L S B F L A M C S E O A O C
T R O S O C B C L S S E B I S O E I A C I C M A T S
B G L C V I A A A T E N I S B A R C T G E S O S E E
S E O A O S L L S O U E C T Ú G F A I I R O A C T L
M N M B C E O S E T A T T T S F S C Q S N T C A N A
O A I O A V N B I S R Ú S E I S S C E U T S M L E S
T T A Q E L C A S E F K A S K A H V E T E E B S U A
E A C L Ú B E L C T Ú Ó T O A N O I L U N L M T I T
R C N E T A S I Ó N L F A B S A Ó A L B N C L O L G
S I A L L U T Q A O A B E C E S A S A R Ó N A A A L
A Ó M I A S O E O G O O A O A M N T T T A O Ó T S A
S N O E A O S N B A E I A A S O A S S S B L T B O T
S S T E N I Ú E C B N S E I A L O G S B O A S I O N
T S U C A F Ú T B O L A M E R I C A N O F B N S C F
B A Q U E L L A I C L L B C E S T E Ó A O Ó E C E C
O L G O N S O A S A E Ú E E N S E T T Ó N C A N B A
```

The vocabulary words are all mixed up! Use the word halves in the box below to piece the words back together again. Use each half only once.

monopa	ón	eo	pat	uel	os
es	os	pel	aque	ión	levantar
ima	llas	esgr	te	mo	nte
cesto	gua	patines	te	vol	natac
co	as	ota	es	es	aquell
carre	aq	e	pesas	mnasia	eibol
inaje	gaf	es	tín	americano	de hielo
nis	balon	tos	box	gi	cas
fútbol	ciclis	es	as	bal	ra

1. _____

2. _____

3. _____

4. _____

5. _____

6. _____

7. _____

8. _____

9. _____

10. _____

11. _____

12. _____

13. _____

14. _____

15. _____

16. _____

17. _____

18. _____

19. _____

20. _____

21. _____

22. _____

23. _____

24. _____

25. _____

26. _____

27. _____

Puzzle 5 Cuadro de lógica

Laura, Orlando, Carola, and Benito each have a different favorite sport. Read the clues below to determine which one each person practices. Fill in the chart using "S" for sí and "N" for no.

Claves:

1. Laura no usa una pelota para practicar su deporte favorito.
2. Orlando necesita una red para jugar a su deporte favorito.
3. Carola usa una raqueta para jugar a su deporte favorito.
4. Benito usa un bate para jugar a su deporte favorito.
5. Laura practica su deporte favorito en el frío.

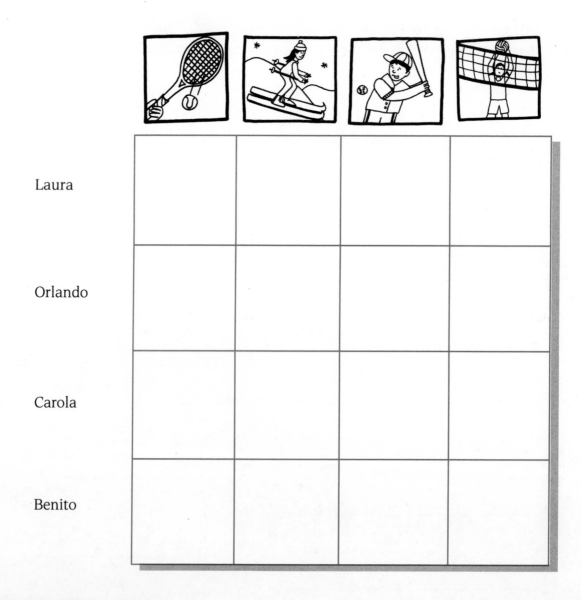

Complete the crossword puzzle using the Spanish word for each clue.

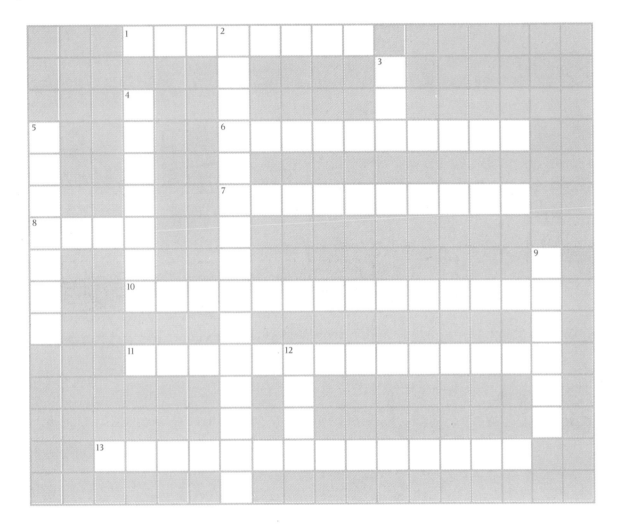

Down

2. football (2 words)
3. that (masc.)
4. running
5. that (fem.)
9. sword
12. those (fem.)

Across

1. uniform
6. basketball
7. wrestling (2 words)
8. this (masc.)
10. martial arts (2 words)
11. roller skates (3 words)
13. ice skates (3 words)

Ana considers herself athletic, but she doesn't love all sports. Read this email about the sports she, her friends, and family practice. Much of her email is in picture form. When you come to a picture, read it as if it were a Spanish word or phrase.

Yo soy una persona muy atlética, pero no me gustan todos los deportes. Me gustan los

deportes donde se necesita una como el , el y el

 . Pero no me gusta el porque me parece un deporte demasiado

lento. A mi amigo Héctor le gustan los deportes individuales como las ,

 y el . A mi hermana le gustan los deportes artísticos como

el y la . Mi papá practica la  . Tiene

su propia y un muy interesante. ¿Qué deportes practicas?

Chapter 11

En la tienda de ropa

Puzzle 1 Letras revueltas

Use the picture clues to help you unscramble these words.

1. SLNECAETIC	2. NFBAUAD	3. GASAARUP
_____	_____	_____

4. GRAOR	5. LOOBS	6. LADFA
_____	_____	_____

7. NTIRUÓCN	8. BLAUS	9. AAMESITC
_____	_____	_____

Write the words in Spanish. Then use the shaded letters to find the title of this puzzle.

1. sleeveless ____ ____ ____ [____] ____ ____ ____ ____ ____
                                    1

2. plaid ____ [____] ____ ____ ____ ____ ____
                  2

3. stripes ____ ____ [____] ____ ____
                          3

4. three-buttoned [____] ____   ____ ____ ____ ____
                     4

   ____ ____ ____ ____ ____ ____ ____

5. narrow [____] ____ ____ ____ ____ ____ ____ ____
             5

6. modern [____] ____ ____ ____ ____ ____ ____
             6

7. wide ____ ____ ____ ____ [____]
                                   7

8. short-sleeved [____] ____   ____ ____ ____ ____ ____
                    8

   ____ ____ ____ ____ ____

9. long-sleeved ____ ____   ____ [____] ____ ____ ____
                                          9

   ____ ____ ____ ____ ____

Puzzle Title

¡ ____ ____ ____   ____ ____   ____ ____ ____ ____ !
   1   2   3   4   5   6   7   8   9

Find and circle or highlight these words in the puzzle below.

SEDA	PIJAMA	VESTIDOR	SUDADERA
IMPERMEABLE	RASO	CINTURÓN	CLIENTE
ZAPATOS	ANCHO	LANA	PARAGUAS
BOLSO	ZAPATILLAS	GUANTES	GORRA
MEDIAS	CUELLO	GOMA	GABARDINA
CAMISETA	ALGODÓN	BOTÓN	ABRIGO
CHALECO	BUFANDA	CARTERA	RAYAS
CAMISA	TELA	FALDA	PIEL
ESTRECHO	CALCETINES	DEPENDIENTE	MODERNO
CUADROS	BLUSA	BATA	CHAQUETA

```
B R T P O A T T E L A A L C C D C R N I  R A A A M E L U C P A
P Y A C A V T N S N A N I L E D H T H B D N L B N T A R D R R
M Ó C A A A E A E E B U N I C H A L E C O C D B O L S O E I A
I A A E P I E L D N R E I E R D I C C M N H B A S F S R P H O
C I N T U R Ó N A R I A E N D L T Z D M I O A E D E E A E E I
A L I U R A E E M E G N L T D E L D A Y T D T G A A A S N D D
M U T N J D R A O D O O I E S D N D M A N G A S T A N I D C N
I C P A P R T O S D D E D T E D I S G B T R U B C M S R I A M
S I L G D E D M D N G A D C O R T A O P S D N U N E A A E L A
E R T A C Z M R G U A N T E S C N O R A B D T F I D L S N C C
T T B B U A E O S M S C A R T E R A R E O E V A M I G O T E A
A I E A A P E C N O U L C A M I S A A Z T S E N P A O N E T A
M L C R D A A H Í D D L F G H G A B U A Ó T S D E S D E C I H
R O U D R T R A S E A A E D E E I P L P N R T A R N Ó S M N C
A V E I O I S Q A R D N J R A O N C G A D E I Z M A N E A E A
Y F L N S L N U A N E A P A A A I N O T A C D I E L N V N S B
A A L A G L Q E C O R L E E T L B M O Y H O A A S R O I A R
S L O T M A D T S D A T I N A A S U A S T O R O B T R C Q N A
D D E S S S E A S A B L U S A P I J A M A O U D L N U T U E O
C A P A R A G U A S S C O S D E D S P O R T A D E N E E Í S A
```

Puzzle 4 Palabras mezcladas

The vocabulary words are all mixed up! Use the word halves in the box below to piece the words back together again. Use each half only once.

estr	casa	fal	ch	car	ba
dormir	da	tera	ello	tón	bo
tenis	turón	ma	te	os	la
iente	medi	ca	clien	ra	cu
anda	ta	yas	echo	de sport	miseta
mo	sa	blu	derno	se	zapat
pi	ca	misa	go	depend	bata de
camisa de	jama	gor	da	buf	aleco
cin	saco	ra	te	zapatos de	as

1. _____
2. _____
3. _____
4. _____
5. _____
6. _____
7. _____
8. _____
9. _____
10. _____
11. _____
12. _____
13. _____
14. _____

15. _____
16. _____
17. _____
18. _____
19. _____
20. _____
21. _____
22. _____
23. _____
24. _____
25. _____
26. _____
27. _____

Pablo, Ricardo, Octavia, and Susana each are wearing a different article of clothing. Read the clues below to determine who is wearing what. Fill in the chart using "S" for sí and "N" for no.

Claves:

1. Pablo no lleva una camisa de manga corta.
2. Ricardo lleva algo en el cuello para el frío.
3. Octavia lleva zapatos bonitos.
4. Susana lleva una camiseta.
5. Pablo lleva una camisa de manga larga.

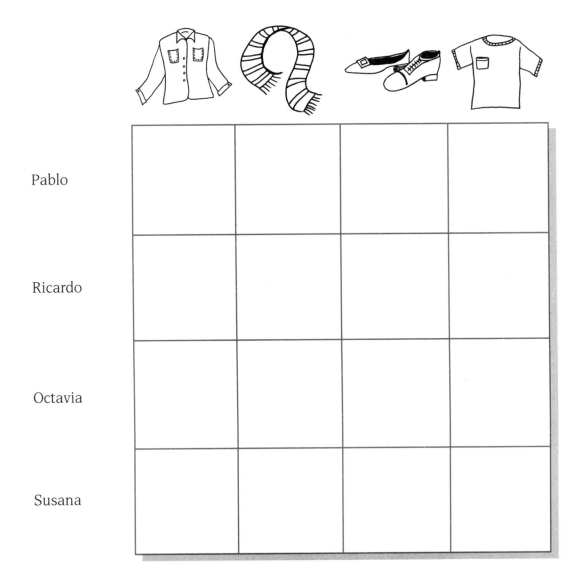

Complete the crossword puzzle using the Spanish word for each clue.

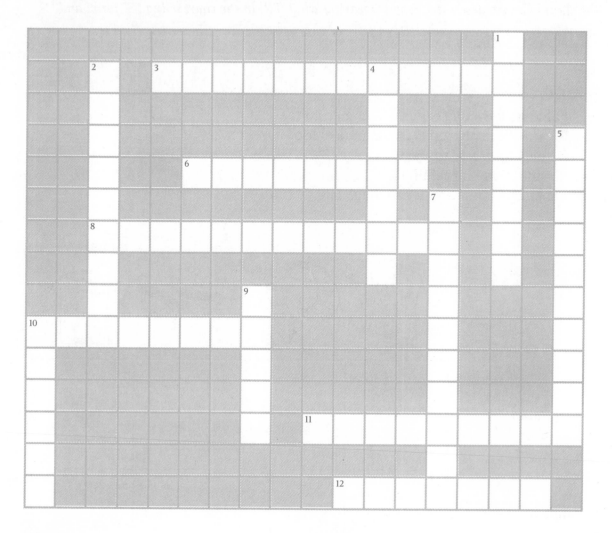

Down

1. umbrella
2. raincoat
4. purse
5. slippers
7. housecoat (3 words)
9. striped
10. shirt

Across

3. short-sleeved (3 words)
6. t-shirt
8. long-sleeved (3 words)
10. jacket
11. sleeveless (2 words)
12. scarf

Ana went shopping in preparation for her upcoming ski trip. Read this description of all the clothing she bought for the trip. Much of the conversation is in picture form. When you come to a picture, read it as if it were a Spanish word or phrase.

El otro día fui de compras con mi amiga Gisela porque necesitaba ropa para mi viaje

de esquí. Primero compré una  gruesa, una de

y un par de . También compré una  de

y una . Todavía necesito una y unos pares de

gruesos. Gisela me va a prestar su y sus botas. ¡Va a ser un

viaje muy divertido!

Chapter 12

Vivimos en la ciudad

Puzzle 1 El código secreto

Help break this code. Using the key below, replace the code with the correct letters. For example, when you see the letter D, replace it with an L. When you see the letter M, replace it with an O. Do this for all the letters until you reveal each word. Good luck!

Code	A	B	C	D	G	J	K	M	O	P	R	S	T	U	V	W	Y	Z
Letter				L				O	M	C						N	E	

1. OMKM _____

2. PCDDY _____

3. ZJDYUZC _____

4. UASKYRRCWYM _____

5. PCSZWC
   KYDYTMWZPC _____

6. OYKRM _____

7. DYKRYRM _____

8. PMWGAPKMR _____

9. CVYWZGC _____

10. BMDZPZC _____

Acróstico

Write the words in Spanish. Then use the shaded letters to find the title of this puzzle.

1. sidewalk ___ ___ ___ ___ ___
                      1

2. police ___ ___ ___ ___ ___ ___ ___
                       2

3. sign ___ ___ ___ ___ ___ ___ ___
                         3

4. truck ___ ___ ___ ___ ___ ___
                 4

5. supermarket ___ ___ ___ ___ ___ ___ ___ ___ ___ ___ ___
                  5

*6. building ___ ___ ___ ___ ___ ___ ___ ___
                                   6

7. bank ___ ___ ___ ___ ___
              7

8. street ___ ___ ___ ___ ___
            8

9. taxi ___ ___ ___ ___
                      9

10. subway ___ ___ ___ ___ ___
                 10

11. headlight ___ ___ ___ ___ ___ ___
                              11

12. motorcycle ___ ___ ___ ___
                     12

13. church ___ ___ ___ ___ ___ ___ ___
                              13

Puzzle Title (Hint: *Tiene que ver con la palabra #6**)

___ ___   ___ ___ ___ ___ ___ ___ ___ ___ ___ ___ ___
 1   2   3   4   5   6   7   8   9   10 11 12 13

Puzzle 3 Buscapalabras

Find and circle or highlight these words in the puzzle below.

CABINA TELEFÓNICA	AVENIDA	CONDUCTOR
SEÑAL DE TRÁFICO	CARRETERA	CAMIÓN
PARADA DE AUTOBÚS	IGLESIA	POLICÍA
EDIFICIO	FAROLA	SUPERMERCADO
METRO	TAXI	LETRERO
ACERA	MOTO	PEATÓN
RASCACIELOS	PATRULLA	AEROPUERTO
PASAJEROS	SUBTERRÁNEO	CALLE
BANCO		

O N P E E T O Á O I E L S D E S U B T E R R Á N E O C D F C A
B S O P P P O A C T A T I O I L B T X P A S A J E R O S A U E
E A L A A O A R A U A D C R T F A A C A R M N Ó Ó R R A N C C
E E I R T O A L R G E A R I R R V Í A A A I C A A L T E N L L
R R C A R O I T R S S E Ñ A L D E T R Á F I C O S B M S O E E
F O Í D U A G A E D R T L N I D C S R Ó F E E P A O R A L T T
D L A A L V L X T I I T B I D A C P I A F A R O L A U A C R T
R A N D L E E I E C R I R C C A M I Ó N C T L A O I R A T E A
B U D E A N S E R A M T A R G R A I L P O O C Á B U F I J R C
A L B A R I I M A D M C A B I N A T E L E F Ó N I C A A L O P
N O A U A D A S A E R O P U E R T O F R E R O Í C P C E F R O
C D U T S A S E E A E R R O A F E C A S A R F I C U A T E E R
O A A O C E I A P I A O U E S A L S I A A L C F A A D A L D N
P R E B A B A M A A C A E C C O N D U C T O R C L A E C R I I
E Á D Ú C S U P E R M E R C A D O R Ó M T C D C L O A L P F S
A T I S I P E D M Ñ O T O R O U E T A V A A A E E I M R R I I
T A A P E Á N A C O M O R P A B L O C T J O A S O A E F R C R
Ó P R K L D O C F A O R R O Ó E B E E L A E N C E P T J R I A
N E A R O A R L E S T C A S B O E P R T C C A C M Ó R C A O E
U I A A S A A I C L O R E Ó I F A D A A A O A A B C O D C B E

The vocabulary words are all mixed up! Use the word halves in the box below to piece the words back together again. Use each half only once.

ca	ac	rcado	tera	cabina	telefónica
ola	ba	to	le	esia	parada de
rto	de bomberos	autobús	pea	rulla	estación
lle	igl	aeropue	ca	carre	
ida	elos	nco	ía	trero	
me	mión	pasaj	tráfico	mo	
eros	señal de	aven	xi	conduc	
pat	era	ta	tro	tón	
tor	far	polic	superme	rascaci	

1. _____

2. _____

3. _____

4. _____

5. _____

6. _____

7. _____

8. _____

9. _____

10. _____

11. _____

12. _____

13. _____

14. _____

15. _____

16. _____

17. _____

18. _____

19. _____

20. _____

21. _____

22. _____

23. _____

24. _____

Timoteo used different means of transportation to travel around the city. Read the clues below to determine how he went from one place to another. Fill in the chart using "S" for sí and "N" for no.

Claves:

1. Primero Timoteo tomó el subterráneo al banco para sacar dinero.
2. Después tomó otro tipo de transporte público para ir a ver el rascacielos famoso en el centro.
3. Su amiga Nilda lo llevó en la moto a ver la iglesia famosa.
4. Como tenía mucho equipaje, no pudo ir en la moto al aeropuerto.
5. Fue al aeropuerto en taxi.

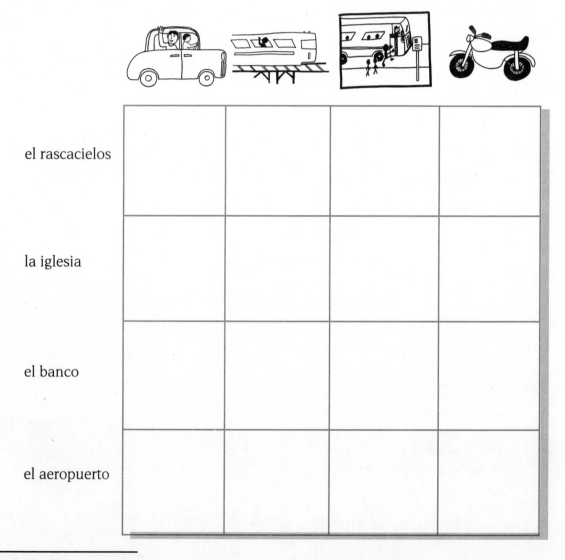

Puzzle 6 Crucigrama

Complete the crossword puzzle using the Spanish word for each clue.

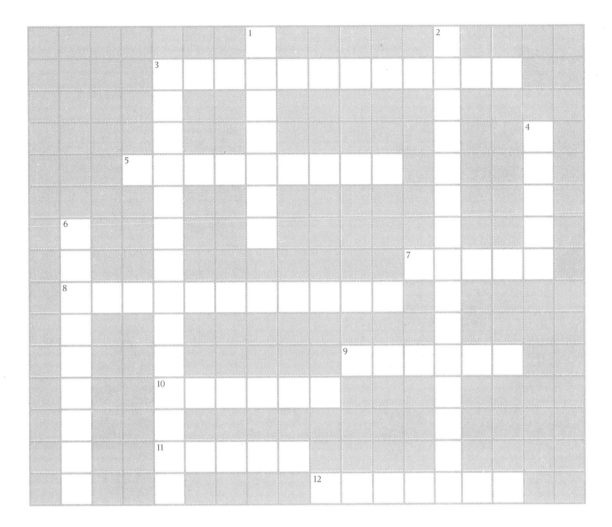

Down

1. sign
2. bus stop (3 words)
3. traffic signal (3 words)
4. bank
6. passengers

Across

3. supermarket
5. highway
7. subway
8. subway
9. pedestrian
10. headlight
11. street
12. church

Ana loves to visit the city with her friends. Read this email in which she describes the sights she enjoys in the city. Much of her email is in picture form. When you come to a picture, read it as if it were a Spanish word or phrase.

Cuando tenemos un día libre, a mis amigos y a mí nos gusta ir a la ciudad en

 . Primero siempre vamos a ver los y los otros

 famosos. Nos gusta mucho tomar un  al centro para ir

de compras en la principal. Siempre hay muchos en las

 , y  y  en las . Hay

que tener mucho cuidado al cruzar la calle porque no todos los

obedecen los o las . ¿Te gusta la ciudad?

En la farmacia

Puzzle 1 Letras revueltas

Use the picture clues to help you unscramble these words.

1. RTAIUC	2. ANBÓJ	3. APSTA DE ESETIDN
4. ENIPE	5. PATSLALSI	6. EREMMOTTRÓ
7. ÑLPEOSAU DE ALPPE	8. PLPEA IGCIONIÉH	9. VENAD

Write the words in Spanish. Then use the shaded letters to answer the question.

1. pharmacy ___ ___ ___ ___ ___ ___ ___ ___
    1

2. pills ___ ___ ___ ___ ___ ___ ___ ___
                                              2

3. prescription ___ ___ ___ ___ ___ ___
                  3

4. thermometer ___ ___ ___ ___ ___ ___ ___ ___ ___
                                    4

5. vitamins ___ ___ ___ ___ ___ ___ ___ ___ ___
                          5

6. client ___ ___ ___ ___ ___ ___ ___
            6

7. toothbrush ___ ___ ___ ___ ___ ___ ___ de dientes
                    7

8. tissues ___ ___ ___ ___ ___ ___ ___ ___ de papel
                        8

9. cough ___ ___ ___
           9

10. aspirin ___ ___ ___ ___ ___ ___ ___ ___
                          10

11. bandage ___ ___ ___ ___ ___ ___
              11

12. iodine ___ ___ ___ ___
                        12

Question

¿Quién te ayuda en la farmacia?

Answer

El ___ ___ ___ ___ ___ ___ ___ ___ ___ ___ ___ ___
    1   2   3   4   5   6   7   8   9   10   11   12

Puzzle 3 Buscapalabras

Find and circle or highlight these words in the puzzle below.

DELANTE DE	TERMÓMETRO	PASTILLAS	CURITA
JABÓN	CERCA DE	LEJOS DE	CLIENTE
ANTIBIÓTICO	DEBAJO DE	FARMACÉUTICO	SOBRE
CEPILLO DE DIENTES	PARA	ASPIRINAS	

```
E T E R M Ó M E E T R O I T S T E R M Ó M E T R O L
A E D T T A D E B A J O D E E R M A C J A Ó O E B É
E A C B A S E T N E D R E D R O L L I P E C C A R O
J T D C S N L E J O S D E T D E S T S T I E I A E C
D O N E A A E D G S G E T L A C L T C U R I T A S N
B D B E Ó A J B I D O L D D N C T T T B A J Y E B B
F N A C L P A A T I E A S L T N E T O R A C I T E Ó
A E S C R C B N C I T N E E I A I S A S O A B I E Y
R L E O O T Ó N A E I T T J B R A P N T E R I A U F
M D C N A T N C E É I E N O I T B E T R T D Y J T L
A I E L B S A M E E F D T S Ó U T U I I C A N I E I
C R S A T A P É O R A E L D T T A T S J L N A S D L
É T E C J N J I C A C A E E I I P A S T I L L A S R
U O L I E O F R R A E A D O C O O D A S E I S L L I
T I A R E T Y S E I M B D A O R T O C E N I A L A E
I D I C A O R D A I N R O E A C P E E I T T S I O L
C B E A O I L E E Ó I A O T E A I O A A E R E T E S
O D L S T K I C P L L T S F A A S P I R C N A S N E
M E I D P C E P I L L O D E D I E N T E S E C E E T
M E P E L A N T I B I Ó T I C U C U T U R I C P N I
P E C P N S B I S E I A E B E E N C D R N O E N N L
```

Actividades en español 87

Palabras mezcladas

The vocabulary words are all mixed up! Use the word halves in the box below to piece the words back together again. Use each half only once.

pañuelos	de papel	re	s	la tos	de
co	antib	ca de	pasti	jarabe para	ve
ra	nas	to	clien	llas	cu
odón	yo	dientes	pasta de	tro	cepillo de
ntra	nda	te	ceta	do	has
lejos	po	vitami	hac	cer	in
pa	de	s	desod	ia	orante
ta	iótico	r	jab	nas	aspiri
debajo	rita	alg	dientes	termóme	ón

1. _____

2. _____

3. _____

4. _____

5. _____

6. _____

7. _____

8. _____

9. _____

10. _____

11. _____

12. _____

13. _____

14. _____

15. _____

16. _____

17. _____

18. _____

19. _____

20. _____

21. _____

22. _____

23. _____

24. _____

25. _____

26. _____

27. _____

Puzzle 5 Cuadro de lógica

Alicia, Diego, Dora, and Benito each need to get a different item from the pharmacy. Read the clues below to determine who buys what. Fill in the chart using "S" for sí and "N" for no.

Claves:

1. Alicia tiene dolor de cabeza.
2. Diego quiere cepillarse los dientes.
3. Dora tiene fiebre.
4. Benito tiene una herida.
5. Diego ya compró pasta de dientes.

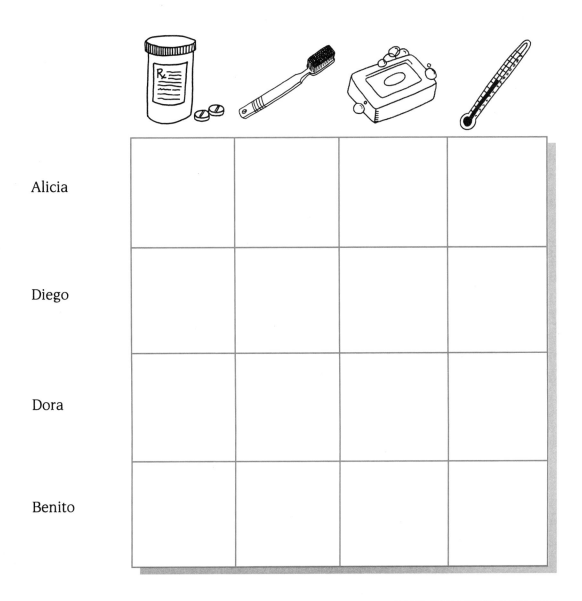

Complete the crossword puzzle using the Spanish word for each clue.

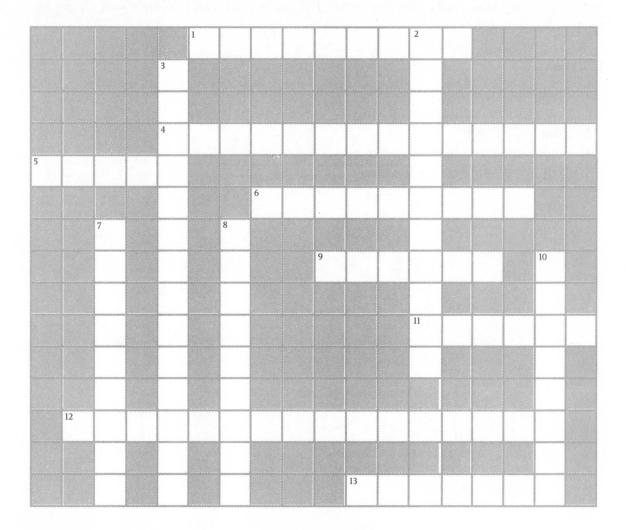

Down

2. antibiotic
3. toilet paper (2 words)
7. in front of (2 words)
8. pills
10. behind (2 words)

Across

1. aspirin
4. toothpaste (3 words)
5. comb
6. vitamins
9. against
11. bandage
12. toothbrush (3 words)
13. client

Ana is going away to summer camp. Read this email that tells all about what she has to buy and pack for her summer adventure. Much of her email is in picture form. When you come to a picture, read it as if it were a Spanish word or phrase.

Este verano voy a pasar un mes en un campamento. Antes de irme, tengo que ir a la

farmacia a comprar todo lo que necesito para vivir durante este mes. Lo más importante

es comprar todo para el aseo personal, como el 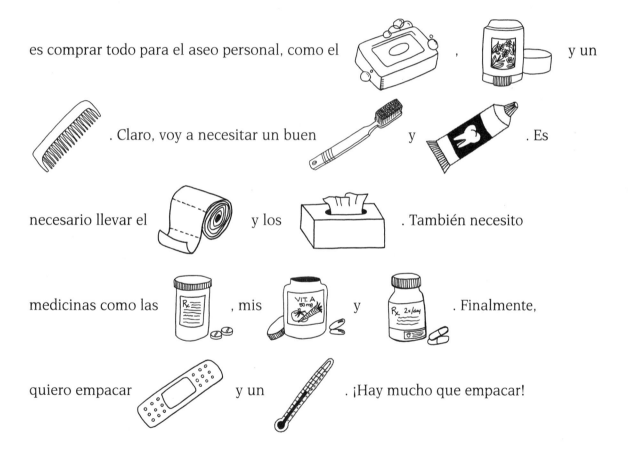 , y un

. Claro, voy a necesitar un buen y . Es

necesario llevar el y los . También necesito

medicinas como las , mis y . Finalmente,

quiero empacar y un . ¡Hay mucho que empacar!

Chapter 14

En la mueblería

Puzzle 1 · El código secreto

Help break this code. Using the key below, replace the code with the correct letters. For example, when you see the letter K, replace it with an R. When you see the letter N, replace it with an L. Do this for all the letters until you reveal each word. Good luck!

Code	A	B	D	E	G	H	I	J	K	L	N	O	R	S	T	U	X	Y	Z
Letter									R	A	L	N	D					E	

1. IZKBJOLS   _____

2. NLDULKL   _____

3. DYSJBL RY
   OZITY   _____

4. NJHKYKZ   _____

5. OZXYIJYOBZS _____

6. NLXLUNLBZS _____

7. SYBYIJYOBZS _____

8. UKJDYKZ   _____

9. OZXYOZ   _____

10. EGYAZ RY
    IZDYRZK   _____

Write the words in Spanish. Then use the shaded letters to answer the question.

1. washing machine ___ ___ ___ ___ ___ ___ ▨ ___
   ₁

2. desk ▨ ___ ___ ___ ___ ___ ___ ___ ___
   ₂

3. vase ▨ ___ ___ ___ ___ ___ ___
   ₃

4. microwave ___ ___ ___ ▨ ___ ___ ___ ___ ___
   ₄

5. curtains ___ ___ ___ ___ ▨ ___ ___ ___
   ₅

6. freezer ___ ___ ___ ▨ ___ ___ ___ ___ ___
   ₆

7. mirror ▨ ___ ___ ___ ___ ___
   ₇

8. carpet ___ ___ ___ ___ ___ ___ ▨ ___
   ₈

9. armchair ___ ___ ___ ▨ ___ ___
   ₉

10. dryer ___ ___ ___ ___ ▨ ___ ___ ___
    ₁₀

11. bookcase ___ ___ ___ ___ ___ ___ ▨
    ₁₁

12. oven ___ ___ ▨ ___ ___
    ₁₂

Question

¿Cuál es un sinónimo de 'nevera'?

Answer

El ___ ___ ___ ___ ___ ___ ___ ___ ___ ___ ___ ___
₁ ₂ ₃ ₄ ₅ ₆ ₇ ₈ ₉ ₁₀ ₁₁ ₁₂

Find and circle or highlight these words in the puzzle below.

LIBRERO	MICROONDAS	PRIMERO	ALFOMBRA
ESPEJO	TERCERO	CUARTO	DÉCIMO
DOSCIENTOS	MESITA DE NOCHE	CAMA	SEGUNDO
REFRIGERADOR	CUATROCIENTOS	HORNO	QUINTO
MIL	CÓMODA	OCHOCIENTOS	SÉPTIMO
SECADORA	BUTACA	ESCRITORIO	SOFÁ
NOVECIENTOS	OCTAVO	QUINIENTOS	FLORERO
SEISCIENTOS	DOSCIENTOS MIL	LÁMPARA	NEVERA
SETECIENTOS	LAVAPLATOS	CONGELADOR	LAVADORA
NOVENO	ESTANTE PARA LIBROS	CORTINAS	TRESCIENTOS
MILLÓN	SEXTO	CIEN MIL	SILLÓN

```
A M R N L U L V C R S M R A S E T E C I E N T O S U R F D N O
R I E A M E S I T A D E N O C H E M E D S O F Á Ó S C N E T A
S C Q S A F A R E S T A N T E P A R A L I B R O S E S T A N T
A R H C O N G E L A D O R S O D O N C O C S Q S D R S H O E N
S O P T Q E S F S C O R T I N A S Á N S U L U N R L G C E O A
F O E T U O É R S C B O E B U T A C A O A I I R S I M Ó S S E
O N R R I N E I I S S O E S A E T N A T T R N T E B E M C C É
I D Q E N E A G S E C S C O O L M R L E R R I O X R N O R E D
S A A S T S N E É I D I N O S A O S F R O E E L T E O D I O V
N S T C O P P R P S O B C S M V O I O C C E N A O R V A T C S
E R D I C E A A T C S E O S I A R L M E I O T V O O E O O H O
V E É E Á J R D I I C E S E L P S L B R E R O A E V N C R O A
E C C N I O T O M E I E E O L L I Ó R O N T S D O R O I I C A
R A I T O N P R O N E C G A Ó A A N A G T O T O A E É E O I I
A M M O M R R O C T N U U R N T O E P A O M I R G O M N C E R
N A O S N N I F M O T A N T E O T E E N S M T A S O E M T N O
D A A O I A M O C S O R D N A S L S T L Á M P A R A E I A T R
N O V E C I E N T O S T O D O S C I E N T O S M I L D L V O E
O R C I E B R F C R E O A S N S S S E C A D O R A N L O S T
R S I C E T O H O R N O O O L V D S O M I L D F L O R E R O N
R C U G I R I I S E L M I E T A D A É I J O I N O I Ó D O I R
```

The vocabulary words are all mixed up! Use the word halves in the box below to piece the words back together again. Use each half only once.

ora	espe	ientos	l	comedor	ra
cuatroci	dor	no	tavo	tos	entos
ientos	libros	estante para	cua	novec	era
ci	ma	jo	escrit	mi	orio
secad	seteci	atos	en mil	quinien	sex
lámp	ara	pr	to	nev	tresc
tos	dora	lavapl	entos	juego de	oc
rto	alfomb	entos	ca	ochoci	orero
imero	doscien	congela	fl	lava	veno

1. _____

2. _____

3. _____

4. _____

5. _____

6. _____

7. _____

8. _____

9. _____

10. _____

11. _____

12. _____

13. _____

14. _____

15. _____

16. _____

17. _____

18. _____

19. _____

20. _____

21. _____

22. _____

23. _____

24. _____

25. _____

26. _____

27. _____

Héctor is redecorating his new apartment. Read the clues below to determine for which room he bought each of the items below. Fill in the chart using "S" for sí and "N" for no.

Claves:

1. Héctor necesita más luz en la sala.
2. El piso del baño es muy frío por las mañanas.
3. Entra demasiado sol por las ventanas del dormitorio.
4. Héctor quiere decorar la cocina.
5. Quiere cubrir el piso del baño.

el baño				
la cocina				
la sala				
el dormitorio				

Crucigrama

Complete the crossword puzzle using the Spanish word for each clue.

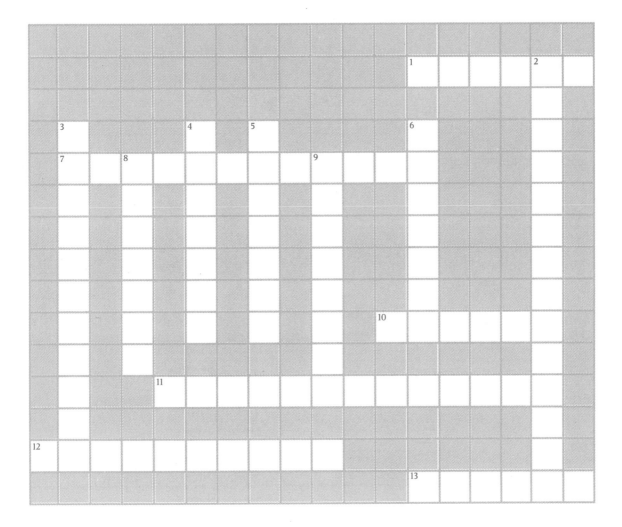

Down

2. dining set (3 words)
3. three hundred
4. bookcase
5. third
6. first
8. vase
9. rug

Across

1. mirror
7. refrigerator
10. ninth
11. night table (3 words)
12. desk
13. refrigerator

Marta, Ana's cousin, is moving and decorating her new apartment. Read this email in which Ana tells you all about it. Much of her email is in picture form. When you come to a picture, read it as if it were a Spanish word or phrase.

Mi prima Marta se va a mudar a su apartamento. Mi tía Nilda y Marta

compraron de todo para el apartamento. Primero compraron un y una

 para poder estudiar. Para decorar el apartamento compraron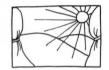

bonitas, un y una  . Marta necesita muebles también.

Entonces compraron una cómoda, un  pequeño y una

 . Para el cuarto de dormir, encontraron una  bonita y una

 . Finalmente decidieron comprar cosas para la cocina como una ,

un y un . Va a ser un apartamento muy lindo.

¡Pienso visitar a Marta muy a menudo!

Chapter 15

La superstición

Puzzle 1 El código secreto

Help break this code. Using the key below, replace the code with the correct letters. For example, when you see the letter D, replace it with a V. When you see the letter G, replace it with a B. Do this for all the letters until you reveal each word. Good luck!

Code	C	D	E	F	G	H	L	N	O	P	Q	R	S	T	U	V	W	X	Y	Z	B
Letter		V			B	E				I					A					S	Ñ

1. DUOPLU
   CUNPQU   _____

2. HZQXGU   _____

3. ZPNSXZ RHV
   FXRPUQX   _____

4. THZURPVVU   _____

5. REHSRH   _____

6. ZEHBX   _____

7. UZLOXVXNPU   _____

8. QUVUGUFU   _____

9. HZYEHVHLX   _____

10. GOEWU   _____

Write the words in Spanish. Use the shaded letters to find the answer to the question.

1. fairy ____ ____ ▢ ____
            1

2. potion ____ ____ ____ ▢ ____ ____
                  2

3. pumpkin ____ ▢ ____ ____ ____ ____
            3

4. goblin ____ ____ ____ ▢ ____
                4

5. dream ____ ____ ▢ ____ ____
            5

6. astrology ____ ____ ____ ____ ▢ ____ ____ ____ ____
                6

7. magic wand ____ ▢ ____ ____ ____ ____ ____ ____ ____ ____
            7

8. fantasy ____ ____ ____ ____ ▢ ____ ____
                8

9. broom ____ ____ ____ ▢ ____
            9

10. cemetery ____ ____ ____ ____ ____ ▢ ____ ____
                 10

11. skeleton ____ ____ ____ ▢ ____ ____ ____ ____
             11

12. wizard ____ ____ ▢ ____
             12

13. signs of the zodiac ____ ____ ____ ____ ____ del
    ____ ____ ____ ▢ ____ ____
             13

14. nightmare ____ ____ ▢ ____ ____ ____ ____ ____
             14

Question

¿Qué festividad celebramos el 31 de octubre?

Answer

El ____ ____ ____ ____ ____ ____ ____ ____
   1   2   3   4   5   6   7   8

____ ____ ____ ____ ____ ____
9 10 11 12 13 14

Find and circle or highlight these words in the puzzle below.

FANTASÍA	HADA	CEMENTERIO	ESQUELETO
CALABAZA	BRUJO	ASTROLOGÍA	DUENDE
ESCOBA	POCIÓN	VARITA MÁGICA	PESADILLA
BRUJA	SIGNOS DEL ZODÍACO	SUEÑO	

```
A S I G N O S D E L Z O D Í A C O S I D N O S D E R A I A A U
V E J U N C B P T O T D I T F Á S O B L T I N L T Í Ó B S A O
N U A J T A R E I A D A O L Á F R J G C N M T A C C D T A Z U
Ñ A O D A A U A E U Q T R O A R D O A E P J G A A S C D C S B
U Q A O C R J O A L E D E U T Á A J P D S Ó C A L E U E E Q A
U N D O N B A J S S A A Ñ H G D Q S A I E V Ó O A I C S M T E
V N Ó O L C N S T D L E U A P O N J C E O A E O B N U Q E A M
O Á N P B A I B R C O S B D R E E R E V E R A A A E A U N Ñ O
P D G E M O I E O A S C T A P P O C I Ó N I S O Z A G E T N Z
E D M S O O Í A L A E O N L T A M I A Í T T O Z A L M L E O Á
S O B A G O B O O A D B C A A E E A E D O A N U Q A A E R S S
P J A D S Í O I G R O A I S R T H Z E S A M Á I Z E T T I A A
L C T I I O S T Í V D A S Í A D I L A S E Á I S U A S O O L A
O R N L G T A C A Á N N G N S S O U S B S G Í T A N E C S O L
A T D L T O A C D O A U A I U G B A C Ó S I J D S E N G O L E
A N A A A H A S C E D D O C E A A O A A Q C L Z G R O C O S O
A F Ñ R U I Í E O E Ñ S O B Ñ D U E N D E A T J D C F B U A H
O I S S F A N T A S Í A N R O D P A Á A N V A L D U A B S Í S
O B L G A U V T P L B C A E E B R U J O N A R A L B U L E A Í
E E T E S S T E R A G A D E D G L E A A E B U P L J Z O J U J
Ñ A C E E L A V I H E E Z S L T R E J S Ó E L A A B L O E E G
```

The vocabulary words are all mixed up! Use the word halves in the box below to piece the words back together again. Use each half only once.

sue	fanta	ujo	poc	cal	ión
esque	due	nde	bru	astrol	da
zodíaco	varita	pesadi	br	coba	lla
sía	abaza	cement	signos del	es	ogía
ño	erio	leto	ja	ha	mágica

1. _____   9. _____

2. _____   10. _____

3. _____   11. _____

4. _____   12. _____

5. _____   13. _____

6. _____   14. _____

7. _____   15. _____

8. _____

Octavio, Ramón, Rodrigo, and Luz each are wearing a different costume for Halloween. Read the clues below to determine which one each person is wearing. Fill in the chart using "S" for sí and "N" for no.

Claves:

1. Octavio se ve muy flaco.
2. Ramón tiene un libro con recetas de pociones.
3. Rodrigo lleva un traje anaranjado y redondo.
4. El disfraz de Octavio está lleno de huesos.
5. Luz tiene una varita mágica.

Octavio				
Ramón				
Rodrigo				
Luz				

Complete the crossword puzzle using the Spanish word for each clue.

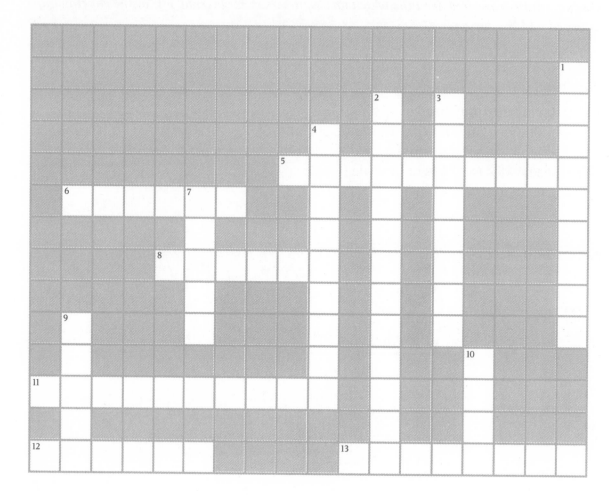

Down

1. nightmare
2. magic wand (2 words)
3. pumpkin
4. skeleton
7. sorcerer
9. dream
10. fairy

Across

5. astrology
6. broom
8. leprechaun
11. cemetery
12. potion
13. fantasy

Ana is planning a Halloween party. Read this email in which she describes her costume and the decorations she plans for the party. Much of her email is in picture form. When you come to a picture, read it as if it were a Spanish word or phrase.

Este año, vamos a celebrar el Día de las con una fiesta de disfraces. Ya

tengo mi disfraz listo. Voy a ser un con una y una

botella de . Mi mejor amiga Gisela va a ir a la fiesta vestida como un

 y su novio, Joaquín, va a ser un . En la fiesta voy a tener

muchas decoraciones como un y muchas adornadas.

También pienso tener una mesa con tarjetas de astrología para todos

los . Cada tarjeta va a tener información sobre los y

 de cada persona. ¡La fiesta va a ser muy divertida! ¿Quieres venir?

Chapter 16

Las maravillas del reino animal

Puzzle 1 — Letras revueltas

Use the picture clues to help you unscramble these words.

1. IGNIONPÜ	2. COCROLIDO	3. OCGRNUA
_____	_____	_____
4. ANELLBA	5. SOO	6. AGUTROT
_____	_____	_____
7. ARAAÑ	8. AMHIROG	9. UBLERAC
_____	_____	_____

Puzzle 2 Acróstico

Write the words in Spanish. Then use the shaded letters to answer the question. Two letters have been done for you.

1. panther ___ ___ ___ ___ ___ ___ ___
   1

2. spider ___ ___ ___ ___ ___
   2

3. squirrel ___ ___ ___ ___ ___ ___ ___
   3

4. quetzal Q U E T Z A L
   4

5. shark ___ ___ ___ ___ ___ ___ ___
   5

6. whale ___ ___ ___ ___ ___ ___ ___
   6

7. fox Z O R R O
   7

8. ant ___ ___ ___ ___ ___ ___ ___
   8

9. leopard ___ ___ ___ ___ ___ ___ ___ ___
   9

10. dolphin ___ ___ ___ ___ ___ ___ ___
    10

11. seal ___ ___ ___ ___
    11

12. kangaroo ___ ___ ___ ___ ___ ___ ___
    12

13. penguin ___ ___ ___ ___ ___ ___ ___ ___
    13

14. snake ___ ___ ___ ___ ___ ___ ___
    14

15. turtle ___ ___ ___ ___ ___ ___ ___
    15

Question

¿Dónde se pueden ver muchos animales en un solo lugar?

Answer

En el ___ ___ ___ Q ___ ___
      1   2   3   4   5   6

___ ___ ___ ___ ___ ___ ___ ___ ___
Z
7   8   9   10 11 12 13 14 15

Find and circle or highlight these words in the puzzle below.

MAYOR	CAMELLO	JIRAFA	ARAÑA
BALLENA	CIERVO	OSO	PEOR
CANGURO	TIBURÓN	LIEBRE	DELFÍN
MALO	PAVO	SERPIENTE	FOCA

```
A L I E A B Ñ L N P Ñ A O C A U R R A G C U E R A F
U M L O N C R Í Ó P O O O E E C T O E C A L E S I Y
Ó P O V U E F C N R N T E R B I E L N U N B Ñ R F Ó
D E A E N L L Í O A O R O A P O S A R O G G A C F C
G G O E E G Í L O A O S O N O I Ñ A U S U L R P O V
T A I D M F O B A B E C I E R V O I B E R U A B L O
A A B Ñ L E I D A B O B O L N C O A I A O F R I Í R
Í A E E E L D O Ó L A N O A O M Ñ B T I A G E U C O
T R D E L R A E N Ñ L N N S A A L B L R E B O O O O
V A P A V O M U A M S E Ó U N R V A L R R N B R C L
C E E B O A A R I F B O N Ñ S L C A M E L L O U E V
R A O A Y A A L M A Y O R A E R E T B L O E E G I I
V E R O N R F O A A V A B E N E T U I O O L R N R B
M B O R Y E P S L R P E N T E J N S R B A C B E V S
C R E O O A C N O O P P R N R I E A N E U B Ó C O R
O D R M L L E E O O I R V E L R I R R M F R R C A I
C O E I M S A L L Ó L M E O R A P Ñ J L J G Ó A U A
U I E A E R R M E C J O P O C F R E A A O A C N V C
O P E O C R F O C A N E O F N A E A N R P U E Ó F F
A E C P N C A M E E L L O H A O S O J I R E F A R E
E E R A A N C E S U O O B R C A R E P L E A B A A E
```

Puzzle 4 Palabras mezcladas

The vocabulary words are all mixed up! Use the word halves in the box below to piece the words back together again. Use each half only once.

eno	bu	hor	ra	pardo	tort
nor	fo	pir	jir	or	ma
ón	mej	illa	or	ervo	ci
tibur	papaga	ma	ro	ca	afa
me	ping	cam	uga	rilo	ard
de	li	leo	so	ello	ueño
llena	pe	cocod	yor	ba	o
yo	ebre	cangu	culeb	aña	ente
miga	peq	lo	serpi	üino	gran

1. _____

2. _____

3. _____

4. _____

5. _____

6. _____

7. _____

8. _____

9. _____

10. _____

11. _____

12. _____

13. _____

14. _____

15. _____

16. _____

17. _____

18. _____

19. _____

20. _____

21. _____

22. _____

23. _____

24. _____

25. _____

26. _____

27. _____

Nina, Isabel, Nicolás, and Iván each like a different animal from the zoo. Read the clues below to determine which animal each person has come to see at the zoo. Fill in the chart using "S" for sí and "N" for no.

Claves:

1. El animal que más le gusta a Iván no tiene patas.
2. Nina quiere ver un animal que nada.
3. A Isabel le gustan los animales que viven en un ambiente frío.
4. Nicolás prefiere los animales grandes.
5. Iván va a ver un animal muy largo.

Puzzle 6 Cruciɡrama

Complete the crossword puzzle using the Spanish word for each clue.

Down

1. snake
2. ant
4. deer
5. worse
6. hare
8. whale

Across

3. camel
7. youngest
9. kangaroo
10. best
11. bad
12. crocodile
13. panther

Ana loves animals – especially those from the tropical rainforest. Read this email about which animals she especially likes. Much of her email is in picture form. When you come to a picture, read it as if it were a Spanish word or phrase.

A mi me gustan mucho los animales. Sobre todo, me interesan los insectos del bosque

tropical como la  y la . También me fascinan los

animales que nadan en el Río Amazonas, como la  y el

rosado. En el bosque, existen animales muy diversos. Hay animales coloridos como el

 , y largos como la . Hay animales pacíficos como la

 , y feroces como el  . Pero los animales que más me

interesan son los y las . Me parecen tan fuertes y

lindos. ¿Qué animales te gustan?

Chapter 17

¿Cuál es su profesión?

Puzzle 1 · El código secreto

Help break this code. Using the key below, replace the code with the correct letters. For example, when you see the letter E, replace it with a T. When you see the letter P, replace it with an F. Do this for all the letters until you reveal each word. Good luck!

Code	A	B	D	E	F	I	K	N	P	Q	R	S	T	U	V	W	X	Y	Z
Letter		R		T				F		O	E		P						

1. KSESBZAYBZR _____

2. PRERWBYPR _____

3. UYAYISBR _____

4. UZFRER _____

5. USFDVDSBY _____

6. QYUYESBR _____

7. SNUFSYIR ISF XYATR _____

8. TYBAZTSBR _____

9. WSBSAES _____

10. BSURBESBR _____

Puzzle 2 Acróstico

Read the clues and write the professions they refer to in Spanish. Then use the shaded letters to find the title of this puzzle.

1. Arregla el pelo. ___ ___ ___ ___ ___ ___ ___ ___ ___ ___
   ₁

2. Sirve comida en un avión. ___ ___ ___ ___ ___ ___ ___ ___
   ₂

3. Conduce el avión. ___ ___ ___ ___ ___ ___
   ₃

4. Saca fotos. ___ ___ ___ ___ ___ ___ ___ ___ ___ ___
   ₄

5. Escribe reportes. ___ ___ ___ ___ ___ ___ ___ ___ ___ ___
   ₅

6. Entrena a las personas. entrenador ___ ' ___ ___ ___ ___ ___ ___ ___
   ₆

7. Trabaja con animales. ___ ___ ___ ___ ___ ___ ___ ___ ___ ___ ___ ___
   ₇

8. Arregla zapatos. ___ ___ ___ ___ ___ ___ ___ ___ ___
   ₈

9. Vende carne. ___ ___ ___ ___ ___ ___ ___ ___ ___
   ₉

10. Es el encargado de un negocio. ___ ___ ___ ___ ___ ___ ___
    ₁₀

11. Arregla cosas
    eléctricas. ___ ___ ___ ___ ___ ___ ___ ___ ___ ___ ___ ___
    ₁₁

Puzzle Title

Las ___ ___ ___ ___ ___ ___ ___ ___ ___ ___ ___
    1   2   3   4   5   6   7   8   9   10 11

114 Actividades en español

Find and circle or highlight these words in the puzzle below.

ELECTRICISTA   GERENTE   VETERINARIO

FOTÓGRAFO   PILOTO   AEROMOZO

CARNICERO   AZAFATA   ZAPATERO

REPORTERO   ENTRENADOR PERSONAL   PELUQUERA

PANADERO   EMPLEADO DEL BANCO

```
P S F A E M P L E A D O D E L B A N C O H M P L E A D P D A A
O Ó T O O N R E U D R A A Z P R O I T Q O E R E R I O I U O O
O R N N E E N T R E N A D O R P E R S O N A L O R P E R S E R
T P T A V T N O E A R A A I E O F E E A E E F E Z A E D A R E
E O A T E A S L O E E A E A A S E G N A D T R A A D O I L R N
P S O D T R E P P S E P E D R O E E R F E N A O P U T A U A R
O I E E E L T E U F D N N T T C O R V E T M V G A I A I O A A
L T V R R E V L A O T R A E E O E E A E R L A F T O Z L E L R
S C P R I T C U E C N R C T F O T N I A O R T R E M A O L R T
Z I P I N P C Q O E Z R O R O S O T O Z C L S I R E F E E D T
R Q O T A L E U N N U E R E T A P E O E A O R L O A A N C G O
L R R O R D E E L A N O P Ó Z O T T O E E N P C Z T D T A E
T P P T I A R R T T R P R O G R C T E R O N O E I L A N R B E
D A T T O A A A U C T A E R R E Ó D F Q L O E P I A O C I A P
E C P N N R N O R V A A A T A D P E C A R N I C E R O A C E A
Z E O E O O A A P Z Z R Q E F R E N V L N O E D A E O E I O A
T S N E F Z A L I R E O O R O R T A D E P M I C A F N E S E M
E A E D P A N A D E R O V O F A R E E R L A E E A B E E T N E
O A R M M R R P P A U O E E F C O S E R A E R O M O Z O A E A
F E I R P I L O T O T M L Z T I O E E R R C A A I A R E Q R
Q P O C A N R E Q A F A V B A F O E E E T A R R Ó E N E E T C
```

The vocabulary words are all mixed up! Use the word halves in the box below to piece the words back together again. Use each half only once.

cero	del banco	electri	entrenador	cista
personal	aza	computadoras	nario	loto
aero	mozo	repor	pelu	empleado
carni	pi	tero	tero	ente
zapa	quera	ger	veteri	fata
pana	dero	fotó	grafo	programador de

1. _____

2. _____

3. _____

4. _____

5. _____

6. _____

7. _____

8. _____

9. _____

10. _____

11. _____

12. _____

13. _____

14. _____

15. _____

Cuadro de lógica

Beatriz, Ingrid, Timoteo, and José each have a different job. Read the clues below to determine what each person does for a living. Fill in the chart using "S" for sí and "N" for no.

Claves:

1. Beatriz trabaja con animales.
2. Ingrid trabaja en un avión.
3. Timoteo sirve comida.
4. José vende carne.
5. Ingrid conduce un avión.

Beatriz				
Ingrid				
Timoteo				
José				

Complete the crossword puzzle using the Spanish word for each clue.

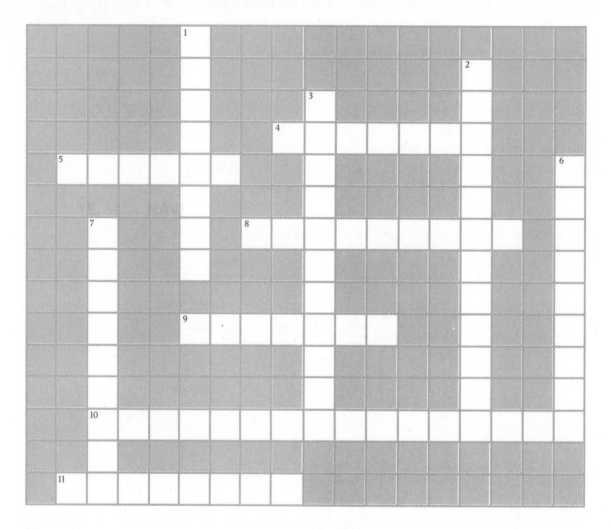

Down

1. shoemaker
2. electrician
3. veterinarian
6. reporter
7. hairdresser

Across

4. manager
5. pilot
8. butcher
9. flight attendant
10. bank employee (3 words)
11. baker

Puzzle 7 Cuento de dibujos

Ana and her friends were talking about what they would like to do for a living when they grow up. Read this email in which Ana describes the jobs she is interested in. Much of her email is in picture form. When you come to a picture, read it as if it were a Spanish word or phrase.

En el futuro, me gustaría tener un trabajo interesante. Como me gusta viajar, podría ser

 , o hasta . Además, me interesan las noticias. ¡Podría ser

 o  ! Pero también me interesaría un trabajo más físico –

como ser . Lo que sí sé que no me gustan son los trabajos que tienen que

ver con la comida, como o . Mi amigo Julio quiere ser

 porque le gustan los animales, o posiblemente porque le gusta

trabajar con las manos. Lo perfecto para él sería un trabajo de porque es

muy mandón. ¿Qué profesiones te interesan?

Chapter 18

La exploración del espacio

Puzzle 1 El código secreto

Help break this code. Using the key below, replace the code with the correct letters. For example, when you see the letter E, replace it with an N. When you see the letter K, replace it with an E. Do this for all the letters until you reveal each word. Good luck!

Code	A	C	D	E	F	H	J	K	M	Q	R	U	W	X	Y	Z
Letter				N				E		A	P		S	T		

1. DFAKXQ _____

2. DQRWYHQ
   KWRQDMQH _____

3. QWXZFEQJK _____

4. QWXKZFMUK _____

5. QWXZFEQYXQ _____

6. WMWXKAQ
   WFHQZ _____

7. XZQCK
   KWRQDMQH _____

8. KWXZKHHQW _____

9. CYRMXKZ _____

10. FJEM _____

Read the clues and write the solar system parts they refer to in Spanish. Then use the shaded letters to find the title of this puzzle.

1. Forman las constelaciones. ___ ___ ___ ___ ___ ___ ___ ___ ▢
    1

2. Es el quinto planeta. ___ ___ ___ ▢ ___ ___ ___
    2

3. Es el tercer planeta. ___ ___ ___ ___ ▢
    3

4. ¡Ya dicen que no es planeta! ___ ___ ___ ▢ ___ ___
    4

5. Es nuestro planeta. ___ ___ ▢ ___ ___ ___
    5

6. Es el primer planeta. ▢ ___ ___ ___ ___ ___ ___ ___
    6

7. Lo llaman el planeta rojo. ___ ▢ ___ ___ ___
    7

8. Este planeta tiene anillos. ▢ ___ ___ ___ ___ ___ ___
    8

9. Es el octavo planeta. ___ ___ ___ ___ ___ ___ ▢
    9

10. Nos da mucha luz y calor. ___ ___ ▢
    10

11. Es blanca y brilla por la noche. ___ ___ ___ ▢
    11

12. Es el séptimo planeta. ___ ▢ ___ ___ ___
    12

Puzzle Title

El ___ ___ ___ ___ ___ ___ ___   ___ ___ ___ ___ ___
   1   2   3   4   5   6   7   8   9   10   11   12

Find and circle or highlight these words in the puzzle below.

SOL	COSMONAUTA	URANO	VENUS
LUZ	TRAJE ESPACIAL	MARTE	ANILLOS
PLANETA	ASTRONAUTA	SATURNO	PLUTÓN
ASTEROIDE	SISTEMA SOLAR	OVNI	JÚPITER
LUNA	NEPTUNO	ESTACIÓN ESPACIAL	COMETA
COHETE	AMANECER	CÁPSULA ESPACIAL	
TIERRA	ESTRELLAS	ASTRONAVE	
SATÉLITE	NAVE ESPACIAL	MERCURIO	

```
R A T Ó N E S N N H R T C A S R J S E N R U H N E R E U V R L
I T A L E E T A O E C S E N E R A A S S P L P A C R O A E I T
R R R R P E N A U U S E U E N S R T T M E R C U R I O A N T O
P A O A T N V S É A I L L J T E E U A N A A N I L L O S U L M
R J T S U V A T J S S M N E I E A R C P R R P I S T U U S O T
T E O T N A N E O A T A V L E A P N I O Z A Á E E N C O E L N
T E N R O S I R O P E R R C R S L O Ó R R A C O H E T E A U O
A S R O E S A O O L M T I T R O L I N D E L V C A A N A U Z N
S P O N S E S I J A A E O E A L R S E O R R C R C E L E A S A
U A N A R E I D Ú N S A A R L O R S S O T Z O Ó E P U U N O M
S C S V R O S E P E O S T E N T S A P U L U O E S L U U R S O
J I I E A I L P I T L T S A U O S T A R U O L S T U U P H A I
R A M I A T R U T A A T R A A U T É C A O O A E R T E D N T E
O L M A C S O E E C R A U L U N A L I N L R L R E Ó S A E R A
U T A P S S N P R A S E S T R A L I A O A N A U L N S J H S S
O R C T S R E P A P I C O M E T A T L M R S R A L E R N L C T
V A P C O S M O N A U T A U L I U E E N A A A M A N E C E R U
N O A E S L R S T L N A V E E S P A C I A L N E S R I A U S I
I E E N I R T S S A E C Á P S U L A E S P A C I A L L A A U E
A R O A C P A E O N T A T R C A S T R O N A U T A O E R E A E
A A J Ó T U A T S U A N N V P O E U A C T C A T C R Ú C A O U
```

Puzzle 4 Palabras mezcladas

The vocabulary words are all mixed up! Use the word halves in the box below to piece the words back together again. Use each half only once.

Plu	espacial	ite	trellas	ani	te
cos	Ura	espacial	nave	cápsula	turno
espacial	Mer	astro	Jú	Ven	us
sistema	piter	nave	come	curio	
na	necer	Nep	ta	llos	
tón	satél	traje	estación	es	
Mar	solar	tuno	nauta	aster	
monauta	oide	lu	espacial	ni	
no	astro	Sa	ama	ov	

1. _____

2. _____

3. _____

4. _____

5. _____

6. _____

7. _____

8. _____

9. _____

10. _____

11. _____

12. _____

13. _____

14. _____

15. _____

16. _____

17. _____

18. _____

19. _____

20. _____

21. _____

22. _____

23. _____

24. _____

Cuadro de lógica

Each of the following doctors is doing research on a different part of the solar system. Read the clues below to determine who is studying what. Fill in the chart using "S" for sí and "N" for no.

Claves:

1. El doctor Archuleta estudia un planeta.
2. La doctora Salazar estudia las constelaciones.
3. El doctor Gómez estudia el calor.
4. El doctor Méndez hace su trabajo por la noche.
5. El doctor Archuleta cuenta anillos.

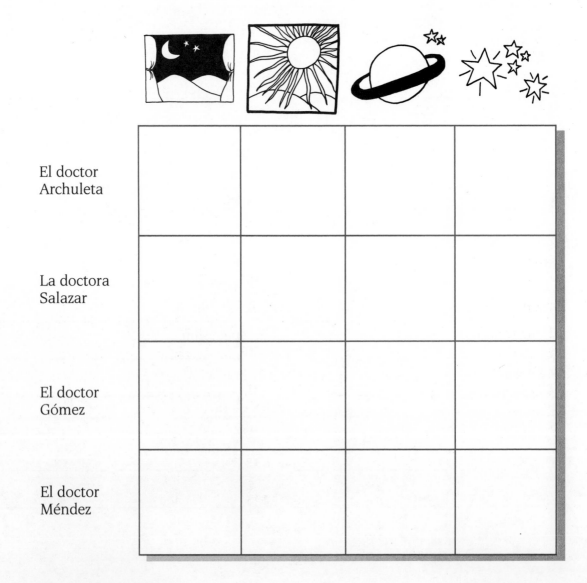

Complete the crossword puzzle using the Spanish word for each clue.

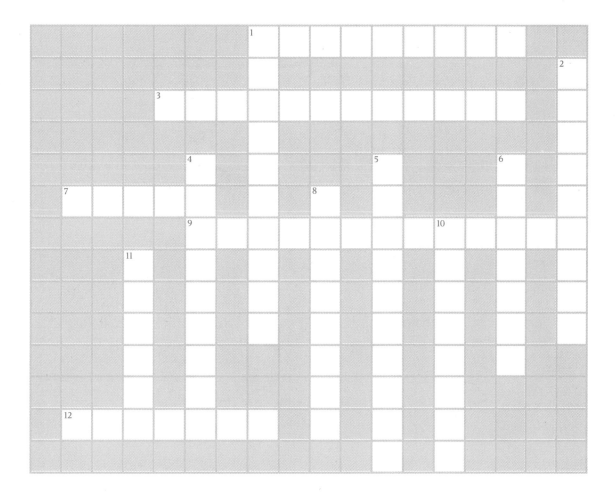

Down

1. astronaut
2. stars
4. asteroid
5. cosmonaut
6. rings
8. Mercury
10. dawn
11. comet

Across

1. spaceship
3. solar system (2 words)
7. Venus
9. spacesuit (2 words)
12. planet

Ana wrote a story about her favorite planet for her English class. Read this email in which she describes her story. Much of her email is in picture form. When you come to a picture, read it as if it were a Spanish word or phrase.

En mi escuela, estamos estudiando el . En la clase de inglés, escribí un

cuento ficticio acerca de mi favorito: . En mi cuento,

yo era un y vestía un  . Viajé al planeta en una

 para hacer un trabajo en nuestra . Mi primer trabajo fue

contar los de Saturno. Después me tocó documentar los

y  en el vecindario. De repente, vi un en la distancia y

decidí irme porque tenía miedo. Después de mi trabajo, volví a la para ver

el . ¿Qué tal mi cuento? ¿Te gustó?

Chapter 19

La personalidad

Puzzle 1 Letras revueltas

Use the picture clues to help you unscramble these words.

1. ÑACTAO	2. MÍIODT	3. MSEORTION
4. OOSREPEZ	5. SRNEGEOO	6. IRAOCOSG
7. ORABRDIU	8. TOCRE	9. TTINPCIAÁO

Read the clues and write the personality character traits they refer to in Spanish. Then use the shaded letters to find the title of this puzzle.

1. No es pesimista. ____ ____ ____ ____ ____ ____ ____ ____
                                  1

2. Tiene celos. ____ ____ ____ ____ ____ ____
                      2

3. Da muchos abrazos. ____ ____ ____ ____ ____ ____ ____
                              3

4. Siempre dice "Gracias." ____ ____ ____ ____ ____ ____
                                      4

5. No dice la verdad. ____ ____ ____ ____ ____ ____ ____ ____ ____
                                                5

6. Regala mucho. ____ ____ ____ ____ ____ ____ ____ ____
                       6

7. No regala nada ____ ____ ____ ____ ____ ____
                      7

8. No obedece a nadie. ____ ____ ____ ____ ____ ____ ____
                              8

9. Dice lo que piensa. ____ ____ ____ ____ ____ ____ ____ ____
                      9

10. Es buena persona. ____ ____ ____ ____ ____ ____ ____ ____
                                10

11. Hace travesuras. ____ ____ ____ ____ ____ ____ ____ ____
                        11

12. Siente envidia. ____ ____ ____ ____ ____ ____ ____ ____ ____
                            12

13. Hace lo que quiere. ____ ____ ____ ____ ____
                      13

14. Todo le interesa. ____ ____ ____ ____ ____ ____ ____
                            14

Puzzle Title

Las ____ ____ ____ ____ ____ ____ ____ ____ ____ ____ ____ ____ ____ ____
     1   2   3   4   5   6   7   8   9   10   11   12   13   14

Puzzle 3 — Buscapalabras

Find and circle or highlight these words in the puzzle below.

CORTÉS	TRABAJADOR	PACIENTE	AMABLE
TÍMIDO	CONSIDERADO	TERCO	PESIMISTA
CURIOSO	SINCERO	GRACIOSO	CELOSO
GENEROSO	REBELDE	TRAVIESO	MENTIROSO
ANTIPÁTICO	BONDADOSO	TACAÑO	CARIÑOSO
OPTIMISTA	PEREZOSO	SOCIABLE	
ENVIDIOSA	EGOÍSTA	ABURRIDO	

```
R I O O R S O T R O R A M A B L E A S C T N O E G O Í S T A D
I P E S I M I S T A A B I G I T A O I O Í R E A S S D I E O I
D E S E I T R A B A J A D O R T A V G N M E D P C E O E R O D
O T A T O R I M R A V O E A E P A I R S I B C S I G B N M T R
S C T O E S S N R S E S I O O S A E Ñ I D E N V I D I O S A S
A A E R L S Ñ O O G M I T I E A O T S D O L A O C L O B N O E
E T D I D S C A R I Ñ O S O I S I E R E M D G O U S A O T U E
T A A R S C I S I R O B B C D M O S O R S E R R A O N A A S
U O O T I D T A D A O P T I M I S T A A C R A P I R D D C R Ñ
T C L N C A R O N I T R L Í T S E D A D N S C M O A O A A O E
R O E I I E I O C B E I R O T M I Á O O D O I E S L R D Ñ R I
A R O N D C E D A T R A P G P E B O S B D C O S O V V O O I P
V T O O A B Í A E M A B A E E N I M O O R I S A A I E S N A E
I É R T M S R O Ñ U C U C N R T I I S P T A O P T A I O D E O
E S C O E I O O C O C R I E E I E O I S C B D R O O B C A I B
S D T S A N S I L S S R E R Z R E M D I E L C Ñ M A A A P O C
O T I M R C T I D I N I N O O O E P C E L E T T E R C O S A L
A R C I E E Ñ E L E N D T S S S A A D A O E P S A O O A D O P
R B O N S R N V A O V O E O O O D E I S S D T R I S R S M R O
E Ñ M O O O T E S M A N T I P Á T I C O O O P S D R V I B R O
D A V O E N E E O O O R G N I T A T T S I R O N O C I E T O O
```

Puzzle 4 Palabras mezcladas

The vocabulary words are all mixed up! Use the word halves in the box below to piece the words back together again. Use each half only once.

roso	ro	antipá	soci	tés	opti
do	oso	paci	co	travi	pesi
ente	ísta	mido	since	zoso	ego
osa	envidi	traba	ce	loso	
tí	menti	consider	cor	ama	
ter	ado	ble	dadoso	mista	
rebel	mista	ñoso	bon	cari	
aburri	caño	able	tico	ta	
graci	jador	de	pere	eso	

1. _____

2. _____

3. _____

4. _____

5. _____

6. _____

7. _____

8. _____

9. _____

10. _____

11. _____

12. _____

13. _____

14. _____

15. _____

16. _____

17. _____

18. _____

19. _____

20. _____

21. _____

22. _____

23. _____

24. _____

Margarita, María Eugenia, Rafael, and Juan Luis each have a different personality. Read the clues below to match each person to his/her personality type. Fill in the chart using "S" for sí and "N" for no.

Claves:

1. Margarita cuenta muchos chistes.
2. María Eugenia no es muy simpática.
3. A Rafael no le gusta gastar dinero.
4. Juan Luis no habla mucho.
5. Margarita se divierte mucho.

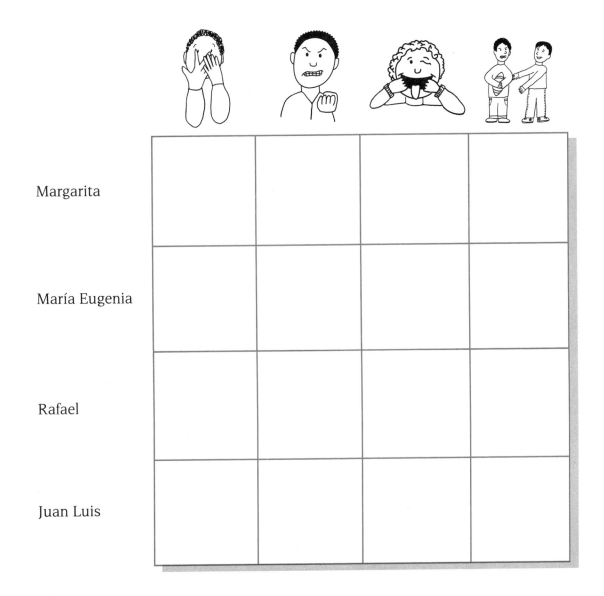

Puzzle 6 Crucigrama

Complete the crossword puzzle using the Spanish word for each clue.

Down

1. liar
2. lazy
3. pessimistic
4. curious
5. sociable
6. kind
9. generous

Across

7. bored
8. optimistic
10. jealous
11. sincere
12. affectionate
13. mischievous

Ana has different kinds of friends. Read this email in which she describes their personalities. Much of her email is in picture form. When you come to a picture, read it as if it were a Spanish word or phrase.

Tengo muchos amigos y todos son muy diferentes. Mi mejor amiga Gisela es muy

 . Los días que me siento un poco  , ella trata de hacerme

sentir mejor con sus chistes. También es  , nunca . Nuestra

amiga Josefina es más y muy . Mi amigo Heriberto es buena

persona, pero otros lo llaman  ,  y .

¡No sé por qué le dicen así! Él siempre me dice la verdad, hace mucho trabajo en su

casa y siempre obedece a la profesora. Quizás son  de Heriberto.

¿Cómo son tus amigos?

Chapter 20

Hacemos un viaje

Puzzle 1 Letras revueltas

Use the picture clues to help you unscramble these words.

1. JQUIEEPA	2. RSAPPTEOA	3. TIRZRRAEA
4. TAMLEA	5. LOOBET	6. AIVS
7. LBAÚ	8. TIOOPL	9. AEASJP

Puzzle 2 Acróstico

Read the clues and write the vocabulary related to traveling that they refer to in Spanish. Then use the shaded letters to find the title of this puzzle.

1. persona que viaja por placer ___ ___ ___ ___ ___ ___ ___
                                        1

2. gente que cuida la seguridad ___ ___ ___ ___ ___ ___ ___ ___
   de seguridad   2

3. un pasaje para tu vuelo ___ ___ ___ ___ ___ ___
                             3

4. un viaje en avión ___ ___ ___ ___ ___
                          4

5. usas esto para llevar tu ropa a un viaje ___ ___ ___ ___ ___ ___
                                                       5

6. donde declaras los objetos que traes de otro país ___ ___ ___ ___ ___ ___
                                                                    6

7. un permiso para entrar en un país ___ ___ ___ ___
                                        7

8. el opuesto de despegar ___ ___ ___ ___ ___ ___ ___ ___
                                          8

9. los días y las horas de tus vuelos ___ ___ ___ ___ ___ ___ ___
                                                 9

10. una persona que viaja en un avión ___ ___ ___ ___ ___ ___ ___ ___
                                                    10

11. maletas y bolsas para el viaje ___ ___ ___ ___ ___ ___ ___ ___
                                                              11

Puzzle Title

¡Espero que tengas... ___ ___   ___ ___ ___ ___
                       1   2   3   4   5   6

___ ___ ___ ___ ___!
7   8   9   10 11

Find and circle or highlight these words in the puzzle below.

VUELO	PASAPORTE	HORARIO	MUERTO
LEÍDO	DESPEGAR	APAGAR	CAÍDO
ABIERTO	ESCRITO	ROTO	VISTO
EQUIPAJE	ATERRIZAR	PASAJE	MALETA

```
P O E R A R E R M M U E R T O T A U G T R R B R R S
E V I S T O E P G A T E R R I A R P R T L I O A A G
S U E S E L T T R O C C O C P T A T E R R I Z A R I
T E A A I S L S I P E J A U A P I D E O I G U P H O
E L P R E R U R E T E I R O E A A T R J Q O A A A I
G O I G A R A P A T Í S E J E B E T I O A O Z L V O
A Q P A A R R O R U E T A T T I R A G A P A A G J Z
A I H L O U C O T Z A P R V O E L R V E A Í R L E E
R O V H O R P A A E U O U L Í R P T O S C A Í D O A
E R A S T A O L Í I A E S L A T P Q A T P L A U A P
J R C E S O D R Q D L E I V E O V M D P O T R R D O
A O A A I T E E U A M A L E T A E S A G O A L Í A
S H P A S A J E C Q A E U L E S R I E I D S D I E P
E E O O B R E T E L U M C B E A A P E E A T R O L O
P R P T A M S E P T M I S Í R Í E S C R I T O Q I S
Q D E S P E G A R E Í A P E R A D O T O C O G A T A
J M Z P D U L O T I R C E A U R G O D E O V E A Í V
U I G E T R R R J A J E J E A A Q C I S A L A E
O A A A D T P A S A P O R T A E E O P S A A J T O I
A A E P R A I L P S A R P A V J U O T U I T O P A P
A L S T A R C O L D I A T E V E A P A V Í T E E R R
```

The vocabulary words are all mixed up! Use the word halves in the box below to piece the words back together again. Use each half only once.

ído	can	turis	do	vis	ta
loto	úl	aero	to	se	fata
equi	cho	letero	to	le	sarse
oí	gar	leto	aje	personal de	he
ma	aza	paje	ído	abier	ba
puerto	male	bo	pasa	pas	to
casar	descri	pasa	erto	apa	jero
vuel	pi	cubi	seguridad	do	
porte	ta	to	caí	cre	

1. _____

2. _____

3. _____

4. _____

5. _____

6. _____

7. _____

8. _____

9. _____

10. _____

11. _____

12. _____

13. _____

14. _____

15. _____

16. _____

17. _____

18. _____

19. _____

20. _____

21. _____

22. _____

23. _____

24. _____

25. _____

26. _____

Puzzle 5 Cuadro de lógica

Each person in Julián's family is helping him take his first trip. Read the clues below to determine what each person brings to the airport. Fill in the chart using "S" for sí and "N" for no.

Claves:

1. La mamá trajo una forma de identificación.
2. El papá tiene que cargar algo un poco pesado.
3. La hermana trajo el boleto para el vuelo.
4. Julián trajo un permiso para entrar en el país.
5. El papá trajo la ropa.

	PASSPORT	VISA	(boleto)	(maleta)
la mamá				
el papá				
la hermana				
Julián				

Complete the crossword puzzle using the Spanish word for each clue.

Down

1. open(ed)
2. to lose
4. airport
6. described
7. brought
10. fallen

Across

3. trunk
5. to take off
8. passport
9. believed
11. ticket
12. heard
13. passenger

Puzzle 7 Cuento de dibujos

Ana is going to come to meet you in your hometown! Read this email about her travel arrangements. Much of her email is in picture form. When you come to a picture, read it as if it were a Spanish word or phrase.

Querido amigo:

No puedo creer que después de tanto tiempo, finalmente nos vamos a conocer. Estoy

muy contenta que voy a visitarte.

Para que sepas, mi   a las ocho de la mañana, pero voy al

aeropuerto bien temprano para poder pasar por la y para que me revise el

. No tengo mucho : tengo una pequeña.

Ya tengo mi y mi . Mañana mi papá va a recoger el

y mi . En el avión, espero poder hablar un poquito con la

y el porque me interesan sus trabajos. ¡Nos vemos muy pronto! ¿Qué quieres

que te traiga de mi país?

-Ana

Chapter 21

La ecología

Puzzle 1   El código secreto

Help break this code. Using the key below, replace the code with the correct letters. For example, when you see the letter D, replace it with an O. When you see the letter N, replace it with a G. Do this for all the letters until you reveal each word. Good luck!

Code	B	D	E	G	I	J	L	N	O	P	Q	R	S	T	V	X	Y	Z
Letter	P	O						G	B							S		E

1. XDTEVSDJZX _____

2. ZPSIZJRZ _____

3. IEIDXD _____

4. BDXSOTZ _____

5. BQZVSXD _____

6. LTEYSJSD _____

7. BLBZT _____

8. XZNEQD _____

9. ZGRSJVSDJ _____

10. IZXZLQ _____

Puzzle 2 Acróstico

Read the clues and write the vocabulary related to the environment they refer to in Spanish. Then use the shaded letters to find the title of this puzzle.

1. gases que salen de carros ___ ___ ___ ___ ___ ___ ___ ___ ___
                                       1

2. nuestro planeta ___ ___ ___ ___ ___ ___
                              2

3. cosas que fabricamos ___ ___ ___ ___ ___ ___ ___ ___
                                        3

4. lo que respiramos ___ ___ ___ ___
                            4

5. el efecto de cortar muchos árboles

   ___ ___ ___ ___ ___ ___ ___ ___ ___ ___ ___ ___
                 5

6. lo que bebemos ___ ___ ___ ___
                             6

7. como el océano ___ ___ ___
                     7

8. opuesto de imposible ___ ___ ___ ___ ___ ___ ___
                                          8

9. ya no existe ___ ___ ___ ___ ___ ___ ___ ___
                            9

10. el hierro es uno ___ ___ ___ ___ ___
                           10

11. material de latas ___ ___ ___ ___ ___ ___ ___ ___
                                          11

12. material de botellas ___ ___ ___ ___ ___ ___ ___ ___
                                       12

13. escribimos sobre esto ___ ___ ___ ___ ___
                                   13

Puzzle Title

El ___ ___ ___ ___ ___ ___ ___ ___ ___ ___ ___ ___ ___
    1   2   3   4   5   6   7   8   9   10 11 12 13

Puzzle 3 Buscapalabras

Find and circle or highlight these words in the puzzle below.

SOLUCIONES	EVIDENTE	AGUA	CIERTO
ALEGRARSE	PLÁSTICOS	PEDIR	LIMPIEZA
TEMER	ESPERAR	PRECISO	DUDOSO
PRODUCTOS	MANTENIMIENTO	METALES	CRISTAL

```
L S P S E N I O C U L A S G S O L U C I O N E S S E
L E L D A L R V R O M E T A Á S P P A V A E O P E N
O O A L T I D E V E D E N T E A O L P O C I N R C L
R T T A A M U E C R I S T A L N U T Á E E N O I O L
T N I S N P R N V D E P A N A R D E C S I S R C O T
O I R I D I S C E I R T O Z M A E O C U T S T I O O
M E C A M E R I P R O D U C T O S I U S D I U S E E
E M O T U Z E P P M L U O E D E A M M W I A C O E E
T A I E R A Y C U E A L R E S E C E E S G S R O O O
A N N M U O S E N V D A R E P S E S C R T O I P S M
L E M A N T E N I M I E N T O E R P R T L E N P L L
E T S A O Q O D Y D P E S T R A P I L D D O E D N U
S N T I Z M C R E E S E E P R E M E U R T D T N N T
A A E R N I I I O P P U P G I S R D R R I E R E E V
I M M I A D P R P G C R E I I D D P E D I R R P V I
D S E V I D E N T E M L E E P O I I L L E A G U A T
T E R L U U S T I I A E R C S T C R O R L R T R L O
R N R S E D C P O L I T T O I A L O L E A D R T E R
O S E I N O C E T W E R I V E S O C I T T S Á L P O
R R O E E S P E R A R A R S E A O S Z I M L R A E I
S N T R T O S U S R R A U T I C E T E I E I I R N U
```

Puzzle 4 Palabras mezcladas

The vocabulary words are all mixed up! Use the word halves in the box below to piece the words back together again. Use each half only once.

ciso	ua	ción	ag	du	miento
tal	nes	te	bir	alumi	nio
du	plás	de	mantenimi	alegrar	cris
za	se	pre	extin	me	guro
dar	espe	se	ento	ra	rar
prohi	ferir	nación	limpie	sear	am
doso	imposi	que	sario	pre	jor
rer	tier	eviden	defores	ticos	emisio
nece	contami	recicla	tación	ble	biente

1. _____   15. _____

2. _____   16. _____

3. _____   17. _____

4. _____   18. _____

5. _____   19. _____

6. _____   20. _____

7. _____   21. _____

8. _____   22. _____

9. _____   23. _____

10. _____   24. _____

11. _____   25. _____

12. _____   26. _____

13. _____   27. _____

14. _____

Puzzle 5 Cuadro de lógica

Manuel, Joaquín, Sara, and Alicia care about the environment. Read the clues below to determine who is trying to solve what environmental problem. Fill in the chart using "S" for sí and "N" for no.

Claves:

1. Manuel trata de cuidar los delfines y las ballenas.
2. Joaquín trata de usar menos papel y madera.
3. Sara trata de bajar el nivel de emisiones de los carros.
4. Alicia recoge botellas y latas.
5. Joaquín quiere cuidar los bosques.

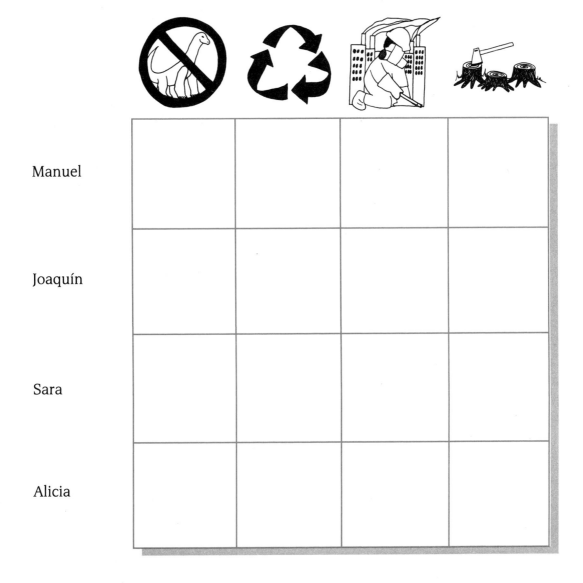

Manuel

Joaquín

Sara

Alicia

Puzzle 6 Crucigrama

Complete the crossword puzzle using the Spanish word for each clue.

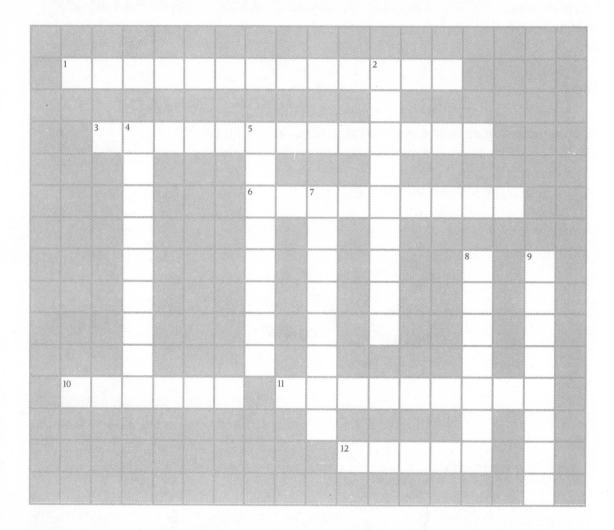

Down

2. necessary
4. emissions
5. clear
7. probable
8. to hope
9. environment

Across

1. maintenance
3. deforestation
6. impossible
7. possible
10. to want
11. to be glad
12. to fear

Puzzle 7 · Cuento de dibujos

Ana is part of an environmental club at school. Read this email in which she describes what she does to fight against environmental problems. Much of her email is in picture form. When you come to a picture, read it as if it were a Spanish word or phrase.

En la escuela, comenzamos un club nuevo llamado el Club del Medio  .

Nuestro proyecto principal en la escuela es el reciclamiento. Recogemos todo tipo de

 .

También tratamos de educar a nuestros compañeros de clase acerca de problemas en

pero tan importante. A ti, ¿te interesa el medio ambiente?